東方中華

吴仕民 编著

民族出版社

序

在中国各民族的建筑物上，有形制各异的窗户：或圆或方，或短或长，或外飘内敛，或映湖纳山……

从一定意义上说，这本书也是一扇窗户。或许，透过这扇窗户，可以看到中国各民族丰富多彩的生活：居所、饮食、衣饰、节庆，还有歌唱、舞蹈、劳作、交往……透过这扇窗户，你还可以看到中国民族理论政策的基本轮廓。

在中华大地上也有各具特色的桥：竹桥、木桥、石桥、藤桥，或如长虹凌云，或若龙蛇卧波，或傍山接崖，或邻村依寨……

从一定意义上说，这本书也是一座长桥。或许，沿着这座桥，可以一直走到中国各民族的历史后院，聆听到许多民族在历史舞台上的低吟与豪唱；或许，这座桥还能通到各民族的思想深处，由此感知到他们的思想、情感与信念……

但，这本书不是一本历史著作，也不是一本学术著作，是一本大致可以归于文化类的通俗读物。当你有闲暇时，请你透过这扇窗户，用思想的眼光去观察、去搜寻，你一定会发现远远超过这本书的丰富和斑斓；当你迈开探求的双脚，在这本书架起的桥梁上行进时，一定会到达比这本书更遥远的地方。

让我们眼睛的窗户始终关注着东方的中华，让我们的双脚在历史的长桥上始终与阔步前进的中华同行。

吴仕民　　*2007.4.18*

东方中华

目录

上篇 中华民族概况

目录

中篇 中国民族理论政策提要

上篇 中华民族概况

　　太阳升起在东方，地球的第三极——青藏高原屹立在东方，一个具有5000年悠久历史的伟大民族——中华民族，也繁衍生息在东方。中华民族人口众多、历史悠久、文化灿烂……这些特点在很大程度上是由于她有着独特的族体构成。

　　也还因为，中华民族有着独特的生存环境、生活方式和民族性格。

东方中华

DONGFANG

一、中华民族的族体构成

太阳升起在东方，地球的第三极——青藏高原屹立在东方，一个具有 5000 年悠久历史的伟大民族——中华民族，也繁衍生息在东方。中华民族人口众多、历史悠久、文化灿烂……这些特点在很大程度上是由于她有着独特的族体构成。

共为一家的 56 个民族

中国是一个由 56 个民族组成的大家庭，中华民族是中国 56 个民族的总称。换言之，中国的各民族合起来统称为"中华民族"。因为汉族人口多，约占全国总人口的 91.59%；其他 55 个民族人口少，合起来有 1.04 亿多人，只占全国总人口的约 8.41%，所以习惯上被称作"少数民族"。

中国的民族数量众多，林林总总，但大小不等，人口相差很大。人口最多的是汉族，有 11 亿多人；人口最少的民族只有几千人，比如黑龙江省的赫哲族只有 4000 多人。

55 个少数民族之间的人口相差也很大。人口最少的几千人，多的超过 1000 万人，壮族人口最多，有 1600 多万。

人口在 100 万以上的民族有 18 个。他们是：蒙古族、回族、藏族、维吾尔族、苗族、彝族、壮族、布依族、朝鲜族、满族、侗族、瑶族、白族、土家族、哈尼族、哈萨克族、傣族、黎族。

人口在 10 万～100 万之间的民族有 15 个。他们是：傈僳族、佤族、畲族、拉祜族、水族、东乡族、纳西族、景颇族、柯尔克孜族、土族、达斡尔族、仫佬族、羌族、仡佬族、锡伯族。

丝绸古道明代长城

人口在 1 万～10 万之间的民族有 15 个。他们是：布朗族、撒拉族、毛南族、阿昌族、普米族、塔吉克族、怒族、乌孜别克族、俄罗斯族、鄂温克族、德昂族、保安族、裕固族、京族、基诺族。

人口在 1 万以下的民族有 7 个。他们是：鄂伦春族、赫哲族、高山族、塔塔尔族、独龙族、门巴族、珞巴族。

人口在 10 万以下的民族，共有 22 个，被称为"人口

少数民族学子

较少民族"。为帮助"人口较少民族"达到当地中等以上的发展水平，国家对他们实行特殊的扶持政策。

各民族人口的巨大差异与地理环境、历史演进有关。一般来说，起源和发展于空间开阔地带的民族人口较多，而起源和发展于狭窄封闭地带的民族人口则较少。长期的历史进程中的发展、演变，特别是不同民族间的彼此融合、互相吸收也对人口多少产生极大影响。有的民族人口很多，是因为融进了其他民族的成员。比如，汉族成为今天世界人口第一的民族是在历史上吸纳了许许多多的少数民族，像滚雪球一样，越来越大。一些人口较多的少数民族也是融合了其他民族成分而形成的。

新中国在确定各民族的名称时，坚持民族平等原则，各个民族不论人口数量多少、社会发展程度如何，只要具备构成一个民族的条件，就确认为一个民族。所以，几千人也能成为一个民族。

此外，中国还有70多万人没有确定民族归属的群体。

现在的少数民族人口数是2000年第五次全国人口普查时实际能普查到的人数，有的地方因情况特殊，无法进行精确统计。

共同生活在这片东方土地上的众多民族，不论人口多寡、风俗习惯异同、经济文化发展快慢，都是祖国大家庭的平等一员，都为国家的发展进步、团结统一作出了自己的贡献。

各有来历的民族称谓

56个民族统称为中华民族，同时每个民族都有自己的称谓。这些称谓，有的是自称，也就是自己给自己取的名字，如蒙古族、土家族就是自称；有的民族称谓是他称，最初是由别的民族给起的称谓，比如汉族就是少数民族给起的名称，其族称的简单来历是：汉朝强盛，一些少数民族就把建立这个王朝的人称为"汉族"，慢慢地汉族自己也接受了，便有了"汉族"这个固定的称谓。

各个民族的名称大都有自己的来历，许多称谓有着特定的含义：

有些民族的族称与居住地区的名称有关。一个民族总是有一定的居住地，在许多情况下，居住地的名称便和民族的名称有了密切的联系。

赫哲族的族称来源于赫哲人的自称"赫真"，意思是居住在"下游"或"东方"的人们。因为他们世世代代居住在东北的松花江、黑龙江和乌苏里江沿岸，以捕鱼为生。

东乡族主要因居住在河州(今甘肃临夏)的东乡这个地方而得名。

"门巴"意思是居住在门隅的人，"门隅"是藏语，意思是雅鲁藏布江下游的平原区，这是门巴族族称的来历。

毛南族主要分布在广西环江县下南、水源一带，这些地区历史上称作"茅难"、"冒难"或"毛难"，民族因此得名为"毛难族"。毛难族在20世纪80年代根据本民族的愿望改称为毛南族。

有的民族的名称则直接来源于江河的名称。如怒族名称的来源是因为居住在云南怒江流域，独龙族是因居住在云南独龙河畔而得名。

有些民族的称谓与经济生活有关。经济活动是一个民族生存发展的基础，所以顺理成章地影响着一些民族的称谓。

鄂伦春是鄂伦春族的自称，有"使用驯鹿的人"的含义，因为驯化野鹿是鄂伦春族经济生活的一个特点，也是他们的一大特长。

鄂温克的意思是"住在大山林中的人们"，这正是他们生活环境的特点。

柯尔克孜是自称，有"山里的游牧人"的意思。柯尔克孜族正是长期从事牧业的民族。

佤族有"山上人"的意思，这反映了他们居住地的特点：居住于山，以山为生。

古代畲族人民搭棚在山上居住，刀耕火种，因而被称为"畲"族。畲字包含"人示田"的结构，本身有刀耕火种的意思，表示的是人和自然的关系，是人在垦荒种田，意味着他们擅长于山地农业。

云南香格里拉草场

有些民族的族称与历史有关。中国每个民族都有自己悠久的历史，因而历史在民族称谓上留下了深刻的印记。

哈萨克的称谓记录着历史的艰辛。哈萨克族在历史上曾遭受其他部落的欺压，为摆脱奴役，他们向东迁移，回到故乡，故而得名"哈萨克"，有"避难者"、"自由的人"等含义。

居住在云南省西双版纳傣族自治州景洪县的基诺族是自称，意为"舅舅的后代"或"尊敬舅舅的民族"。

从这个族称中隐隐约约可以看到人类社会曾有的一段历史：母亲处于支配地位，舅舅为大。直至今天，在血缘关系中，许多汉族地区舅舅的地位也是很崇高的。

土家族历史悠久，很早就定居在今湖南、湖北的西部地区。自称"毕兹卡"，即本地人的意思。

有的民族称谓起源于部落的名称。"俄罗斯"一词起源于一个东斯拉夫部落的名称——"罗斯"。新中国成立之前，居住在中国的俄罗斯人被称为"归化族"，聚居的村落也被称为"归化村"。新中国成立后改称为俄罗斯族。

塔塔尔原来是部落居民的名称。

有一些民族的族称保留了古代民族的称谓，族称古老，如羌族、苗族。今天的羌族、苗族虽不能等同于古代民族——羌、苗，但沿袭了古老的族称。

一些民族的称谓有着特定的含意。各民族的生活丰富多彩，这也在一些民族的称谓中得到反映。

蒙古族的族称有"永恒的部族"的意思，反映了人们的自豪感和良好的愿望。

裕固族过去自称"尧呼尔"、"西拉玉固尔"。1953年，根据本民族意愿，取与"尧呼尔"发音相近的"裕固"一词作为民族的名称，是"富裕、稳固"的意思。

维吾尔是民族的自称，意思是"团结"、"联合"。

彝族本来写作"夷族"，20世纪50年代毛泽东主席提议把"夷"改作"彝"，并幽默地解释说，"彝"字里有"米"有"丝"，有吃有穿，多好哇。彝族人民赞成毛主席的意见，"夷"因此改为"彝"。

内蒙古呼伦贝尔草原

德昂族原称崩龙族，根据本民族的意愿，20世纪80年代经国务院批准将"崩龙"改为"德昂"。"德昂"在本民族语言中是"石岩"，取其"坚固"的意思。

历史上，中国各民族的称谓甚多，多达几百个，甚至有的民族因有不同的支系而有几十个不同的名称。今天还可以见到其遗风，如被许多人称作"撒尼族"的群体，其实是彝族的支系，其族称应是彝族。

20世纪50年代，国家进行了大规模的民族识别工作，为的是正确认定民族归属、民族名称。在有科学依据的前提下，征求本民族人民群众的意见，经过充分协商并按照"名从主人"的原则，实事求是地确定了各民族的成分和族称。

交错居住的分布格局

中国各民族分布的格局是交错居住。少数民族则呈现小聚居、大杂居的局面，但主要居住在西部和北部，内蒙古、新疆、西藏、宁夏、广西等5个自治区和云南、贵州、青海等省的少数民族地区。

中国少数民族既有一定的聚居地区，也分散居住在其他地区。比如，回族主要居住在宁夏、甘肃等地区，同时也分散居住在全国的2000多个县；藏族主要居住在西藏自治区，同时也还居住在全国许多地区，比如在青海、云南、四川、甘肃等省都有很多藏族人居住，并设立有藏族自治州或藏族自治县。

延边朝鲜族自治州朝鲜族新村

从一个地区的民族构成来看，也是多民族共同居住。还以西藏为例，这里居住的主要是藏族，占总人口的95%左右，同时也还居住有汉族、门巴族、珞巴族、回族、纳西族等。中国的县一级行政区域里，几乎都有少数民族居住。中国各省、自治区、直辖市内，大都有30个以上的民族居住，其中在北京有56个民族居住。北京是祖国的首都，也是祖国民族大家庭平等团结、友好相处的象征。

随着经济和社会的发展，各民族人口的流动越来越多，流动的区域也越来越大。在新中国成立时，上海只有少数几个民族成分，现在已有40多个民族成分。深圳是一个新兴的现代化城市，过去几乎没有少数民族，现在已有了几十个民族成分，少数民族人口已达数十万。

中国少数民族分布状况还有一个重要的特点是居住在边境地区。打开中国地图可以看到，我国陆地边境地区大都是少数民族居住的地区；中国陆地边境线有2.2万公里，其中有1.9万多公里在少数民族地区。

由于居住在边境地区，相邻的国家也有相同的民族居住，这就形成了边境线两侧有同一民族紧挨着居住的情况。中国有30多个民族与邻国同一民族相邻而居。

不同的民族交错居住，有利于各民族之间的互相了解，互相学习，团结互助，共同建设国家，共同创造美好的生活。

存在差异的居住地域

中国地理环境丰富多样，气象条件差异很大，这使各民族的居住环境存在很大差别。相对而言，汉族主要居住在自然条件较好的东部地区。少数民族有一部分居住在平原、丘陵地区，主要部分居住在以下几类地区：

第一类是高原地区。如青藏高原、云贵高原、鄂尔多斯高原，少数民族长期在这些高原地带繁衍、生息。主要是藏族居住的青藏高原，平均海拔在4000米以上，世界第一高峰——珠穆朗玛峰就在青藏高原。这类地区，高寒缺氧，不适于进行一般的农业生产，因而人们主要从事牧业生产。

第二类是干旱沙漠地区。中国的沙漠地区几乎都在少数民族地区，其中新疆的塔克拉玛干沙漠，40多万平方公里，为世界第二大沙漠。这些地区降水很少，风沙很大，进行农业生产要靠人工灌溉。

第三类是石山地区，也叫熔岩地区。地质学上叫"喀斯特"地貌。

青海玉树牧场

基本特征是山多、石多，土少、地少，并且土地保水性差，交通不便。云南、贵州、广西的许多地方都属这类地区。

第四类是草原地区。中国的五大天然草场都在少数民族地区，适合发展畜牧业。

尽管少数民族居住地区的自然条件给生产、生活带来许多困难，但勤劳、勇敢、智慧的各族人民，靠自己的双手，克服了许许多多的困难，顽强地生存，不断地发展。比如，藏族人民适应了高原缺氧的自然环境，培育了牦牛、种植了青稞等能在高原生长的动物和植物。又比如，维吾尔等少数民族人民在干旱的沙漠地区，发明了地下水渠——坎儿井，引来雪山上的雪水，灌溉土地，从而在沙漠边缘地区营造出一个又一个生机勃勃的绿洲，培育了许多优质的农产品品种。

二、中华民族的历史源流

中国民族的起源、发展轨迹、形成格局在历史上走过的是有着自己特点的旅程。

族源起于多元

中国众多的民族源出何处？有中国古籍曾认为：中国的民族起源于中原地区，然后分散迁居于四边地区，于是发展成了不同的民族。这不符合历史的真实。众多的考古发现和史学典籍证明，中国众多的民族既不是由一个民族集团衍生而来，也不是只发端于某一个地区，在起源上有着多元的特点。距今四五千年以前，中国就已形成了五大民族集团：

华夏。夏、商、周的人群吸纳周边羌、戎、狄、苗、蛮等民族群落，逐渐演变为"华夏"，这是汉族的前身。以中原华夏族为中心，周围按东、西、南、北四个方向分布着大大小小的民族和部落。

北狄。在中原的北方、东北和西北方，主要是被称为"北狄"的民族和部落。北狄又可分为"狄"与"东胡"两部分。狄就是后来被称为丁零和突厥的一些部落和民族，是今天的维吾尔、哈萨克、柯尔克孜、乌孜别克等民族的祖先；东胡是主要居于今华北北部和东北地区的各民族。他们的后人是今天的蒙古、满、鄂伦春、鄂温克等民族。

东夷。先秦时期，今淮河流域和山东半岛等地的民族被称为东夷，在商代以后逐渐融入华夏人之中。

西戎。居于今甘、宁、青地区，包括氐、羌系统的民族。氐人曾于南北朝时在中原北部建立前秦政权。前秦灭亡后，氐人就逐渐融入了汉族之中；羌人中的一支"发羌"就是后来的吐蕃，即今天藏族的先民。

南蛮。商周时期，在长江以南及巴蜀等地的民族被统称为南蛮。是今天许多南方民族的祖先。

这些众多的民族，经过历史的风风雨雨，或发展，或演化，或融合，最终成为今天中华大地上的各个民族。

族体互相吸收

各民族经过不断的迁徙、杂居、通婚和各种形式的交流，从而你中有我，我中有你。大多数民族都是融合了多种民族成分而形成了今天的民族单元。

汉族的前身由华夏族融合众多民族成分而成。华夏族的形成始于夏朝。到秦统一时，原散布于中原的

少数民族已大部分融入华夏族之中。在汉族形成以后的2000多年里，周边各少数民族不断向中原地区迁徙，特别是当少数民族入据中原时，自然大规模地融入汉族之中。至今，在汉族中保留着匈奴的"呼延"姓氏。唐朝的将军尉迟敬德本是新疆地区的塞种人，他的形象已演变成汉族民间的"门神"。汉族融入了许多民族成分的史实，正在被人类基因研究所证实。

几千年来，也有许多汉族人融入少数民族之中。如，秦始皇曾迁50万中原人至今两广地区，其中很多人就融入了当地少数民族之中。

各少数民族也大都融入了其他民族的成分。在民族的相互吸收与融合中，由于种种原因，许多少数民族也融入了其他民族的成分。维吾尔族是由原蒙古草原上的回纥人和新疆的原有居民融合而成的。回纥原为古代丁零人中的一个部落，说突厥语，游牧于蒙古草原上。744年，回纥在蒙古草原上建立了回纥汗国。回纥曾两次出兵，帮助唐中央政权平息"安史之乱"。840年，由于天灾和外敌的进攻，回纥汗国崩溃，蒙古草原上的回纥人向外迁徙。南迁的一支以后逐渐融进了中原汉族之中。西迁的回纥人分为三支，一支进入了河西走廊张掖地区(现今)，以后与当地的蒙古、汉等民族融合，形成了今天的裕固族；另两支迁入新疆的吐鲁番和喀什一带，与绿洲上以农业为生的土著民族相融合，逐渐形成了今天的维吾尔族。维吾尔族在历史上曾信仰过萨满教、摩尼教、景教、袄教、佛教等宗教，尤以佛教为盛，至今仍可在吐鲁番等地看到残存的佛塔。10世纪以后伊斯兰教进入新疆，至16世纪，伊斯兰教及于整个新疆地区。

源自中华本土

世界上许多国家，如美国、澳大利亚的民族主要是自外国迁入的。过去曾有人认为：中华文明源于中华土地之外，而并不产生于本土。实际情况是，中国文明出自本土，是中国各民族创造的。中国的绝大多数民族都源自中国本土，许多民族是在一个区域内逐渐发展起来的。

中华祖源在中国。从考古发现可知，中国在云南楚雄彝族自治州的元谋发现了距今170万年前的原始人类化石，北京人生活在距今约50万年前。中国大地上属于考古学上称为旧石器时代的人类文化遗存共有200多处。是在中国的不同地区产生了人类，产生了文明，形成了不同的民族。

以藏族为例，在距今4000多年前的石器时代，藏族的祖先就聚居于西藏雅鲁藏布江中游两岸。根据中国的汉文文献记载，学术界多数人认为藏族的先民是古代羌人中的一支。在6世纪，藏族地区进入奴隶制时期，当时已有小王44个，小邦12个，互不统属。7世纪，松赞干布统一了藏族各部，建立了强大的吐蕃王国。至此，一个统一的藏族出现在西藏高原上，佛教也于这时传入。641年，唐朝文成公主嫁给松赞干布，吐蕃与唐形成"甥舅"关系。此后，吐蕃王国开始向外扩展至今甘肃、青海和云南等地，并融合了当地的一些民族。

中国也有几个自境外迁入的民族，如俄罗斯族、塔塔尔族，但经过很长的时光之后，已融进了中华民族大家庭。

众多民族存亡相续。中国历史上民族众多，中华大地是各民族的大舞台，但有的民族延续至今，有的民族却在历史的烟尘中消失了。如匈奴、月氏、鲜卑、柔然、吐谷浑、突厥、党项、契丹和塞种人，这些民族在历史上曾显赫一时。他们消失的主要原因有：

有的融入其他民族。如鲜卑族，先秦时已活动于大兴安岭，并曾建立北魏政权，统治中国北方148年之久，但政权更迭后，鲜卑族或居于原地，或迁徙他处，至隋唐时民族特点基本消失，逐渐融入了汉族等民族之中。

藏文版科普图书

有的亡于战争。战争有时会改变国家和民族的命运，典型的如匈奴、党项。匈奴的名字在战国已广为人知，骑兵骁勇，曾与秦、汉长期在长城一带交往和进行战争，在北方草原上建立过游牧军事政权。秦朝修建长城、汉代昭君出塞和亲，都与匈奴有关。匈奴后来在西汉的军事打击下，于公元48年分裂为南北匈奴。南匈奴内附汉朝并逐渐内迁南下，最后融入了其他民族之中。北匈奴兵败后则逃往漠北，进入欧洲；部分北匈奴则融入了鲜卑族之中。匈奴的名字在南北朝后消失。

党项族曾在今宁夏及甘肃、陕西、青海、内蒙古部分地区建立西夏政权，历时189年之久，与宋对峙，并形成了西夏文化，其中创制有文字，但于1277年被蒙古所灭。国家灭亡后，民族也不见踪影。战争使党项族消失了，其归于何地、融于何族成为历史上的一大谜团。

有的因为生态环境恶化。生态环境不仅会使一个民族盛衰，还会使一个民族兴亡。建立过楼兰古国的民族，就因为环境改变、气候干燥、缺乏水源而无法生存，最后国家成为大沙漠中的废墟，民族也消失在历史的天空。

有的因为改换了名称。古代许多广为人知的民族名称，今天已不见其名，一个重要原因是在历史的变迁中改换了姓名。如女真曾建立金朝，长期与南宋或战或和，后于1635年改称为"满洲"，也就是满族，新名替代旧称，女真族便不见了。

有的则是多种原因的共同作用。有的民族的消失是由于多种因素作用的结果。以突厥的消失为例，6世纪，北狄人后裔中的阿史那氏族强盛起来。他们联合其他铁勒部落，于552年在蒙古草原建立了突厥汗国。从此以后，"突厥"一词就一直沿用至今。突厥汗国最强盛时，其疆域东起兴安岭，西至中亚锡尔河以北今哈萨克草原，南到阴山。583年，突厥汗国因内部矛盾分裂为东、西突厥。744年，唐朝联合回纥部落将突厥汗国攻灭。突厥各部落，一部分南下进入中原北部，逐渐融入中原汉族之中；还有一部分逐渐西迁，由今新疆北部，再到咸海、里海、高加索一带，最远的到达了今土耳其，他们分别与当地原土著民族融合，在这一线形成了数十个操突厥语族语言的民族，但其中并没有一个具体的"突厥族"。战争、迁徙、交往、融合，使历史上的突厥民族不复存在。

多元一体格局

中华民族今天的格局和现代中国疆域的形成，是历史长期发展的结果。

公元前221年，秦统一中国，结束了战国时期群雄的割据与纷争，中国众多的民族都在秦的统辖之下。统一也打破了不同民族交往的政治藩篱，各民族之间交往的内容、空间空前扩大。还由于形成了中央集权的统一多民族国家，为中华民族的进一步发展奠定了坚实的基础。

汉朝(公元前206—公元220年)时期，随着疆域的扩大，华夏族吸收了更多周边民族的成分，形成了汉族。汉族的形成不仅为其自身的政治、经济、文化的发展开创了新路，也使汉族与其他民族的关系翻开了新的一页，还为整个中华民族的形成与发展提供了条件。汉朝国力空前强大，于公元前60年在西部控制了今新疆；在北方越过长城，统一了南匈奴，控制了今内蒙古地区；在南方，它的行政机构一直设立到海南岛。这使中国多民族国家得到发展。

魏晋南北朝(220—589年)时期，政权更迭，天下动荡，除两晋有短暂统一外，中国的许多民族经历了200多年的分离割据状态。于是四边少数民族大量进入中原，与汉族杂处，不同民族在动荡中交往融合。同时大量汉族为避战乱，南迁到长江流域和珠江流域，北迁到甘肃、四川、辽宁、内蒙古等关外边地。这是中国历史上最大的一次民族迁徙，也是最大的一次民族分布格局的变动，也由此导致了各民族大杂居局面的初步形成。

隋、唐(581—907年)时期，国家复归统一。各民族的政治、经济、文化联系空前发展，原杂居共处的各民族不断融合，两个王朝都与少数民族关系密切。民族关系密切。依靠强大的经济和军事实力，唐朝政府控制了北到黑龙江和贝加尔湖、西到巴尔喀什湖和中亚两河流域的广袤地区。在今日中国的版图中，除了西藏以外，其他地区都成为统一的唐朝的一部分。唐朝在少数民族地区设立了大量的羁縻府、州、县，经中央册封的这些地区的少数民族出身的都督、刺史等官职，成为地方政权的统治者，这很好地处理了中央与地方政府的关系，也较好地处理了民族之间的关系。

宋、辽、金(960—1234年)时期，结束了五代十国50多年的分割状态，形成了宋朝先后同契丹的辽朝、女真族的金朝长期南北对峙的局面。这种格局也对民族的自身发展、彼此交往、相互融合以多方面的影响。

元朝(1271—1368年)时期，先后统一了高昌回鹘、西辽、西夏、金朝、大理，西藏也归入中央王朝的版图，疆域进一步扩大。元朝创设行省制度，民族地区也都在行省的管理之下。同时，设立宣政院直接管理西藏，设澎湖巡检司管理澎湖、台湾，在云、贵、川等民族地区设立土司制度。中央王朝和少数民族地区的关系更为密切。国家形成大一统的局面，也为中华民族的发展提供了有利的条件。

明、清(1368—1911年)时期，统一的多民族国家在发展中巩固。明王朝维持着国家统一的局面，对民族地区逐步采取委派官吏和土官共同治理的制度，史称"改土归流"，是强化中央统治的一项重大措施。清统一了长期与明朝冲突的蒙古地区，在新疆平定准噶尔叛乱、驱逐了外来势力，在西藏加强了治理，在东南收复台湾。维护和巩固了对边疆地区的治理，还通过《尼布楚条约》和俄国有了较明确的边界，现代中国的版图基本形成。

在统一的国度里，随着历史的演进，中华民族共同的文化和心理特征逐渐形成、强化。特别是1840年鸦片战争以后，由于帝国主义的侵略，亡国灭种的危机使各民族更深切地认识到了中华各族共为一体，命运相连。于是"中华民族"成了各民族普遍认同的概念和归属，成为生活在中华大地上各民族的统称。中国学者提出了中华民族"多元一体"的理论，认为中国民族是多元的(有56个民族)，又统属于中华"一体"。"中华民族"一词虽是20世纪初出现的，但凝聚了中华民族5000年的历史，是历史的记录和概括。

巍峨壮丽的横断山脉

三、中华民族的生存环境

中国地大物博，人口众多，实际是汉族人口众多，少数民族"地大物博"。各民族居住在不同的地域，代代相续地开发，生生不息地创造，造就了中国辽阔的土地、富饶的物产、壮美的山河。

相对独立的地理单元

打开中国地图，特别是观察立体的中国地图沙盘，可以清晰地看到，处于地球东端的中国大体是一个三面环山、一面临海的相对独立的地理单元。

国宝大熊猫

在中国的东北部，东面是浩瀚无边的太平洋，北边是东西走向的外兴安岭，西面则是苍翠的兴安岭。

在中国的北部，是辽阔的蒙古高原。蒙古高原上主要是连片连片的草原，这片草原被大漠戈壁和阴山分割为内蒙古和外蒙古两大部分。

在中国的西北部，有一系列的崇山峻岭和荒漠戈壁，包括阿尔泰山、秦岭、帕米尔高原、喀喇昆仑山，犹如高高的天然屏障。

中国的西南部，横亘着一系列山脉，其中有海拔5000米以上的喜马拉雅山。

中国内陆的东南部，则是波涛滚滚的大海，自东向西有渤海、黄海、东海、南海。

中国这种自成体系、四边由高山大海构成的内聚型的地理环境，对民族的生存、发展及相互关系有着巨大的影响。一方面，这种地形结构不利于这个区域内的民族对外交往，在交通、通讯落后的古代尤其是这样。另一方面，这种地形结构又有利于这一地理区域内民族间的相互交往。所以，中国各民族的物质生产、生活方式、文化传统、心理意识以及相互关系在很大程度上可以从地理环境上找到原因。

其中最重要的影响之一是，由于自然地理环境不同造成的物质生产和文化的不同，不同民族彼此之间需要交流、需要互补。这种交流与互补有时以和平的方式进行(如开展商贸)，有时以非和平的方式(如发动战争)

进行。但无论是哪种方式的交流与互补，都是在这片相对独立的地理环境中进行的，总是要相互依存。因为哪一方都难于离开这片土地。这有利于各民族的合作与发展。历史上，中国即使发生分裂，但最终总是复归统一，而且每次大统一的版图大体相似，这与中华民族所生存的地理环境密切相关。

这种地理环境也使得中华大地辽阔、壮美和物产丰富。当然，这种地理结构也造成了许多地方交通的不便、自然灾害的频发，因而影响着各民族的交往与发展进步。

辽阔神奇的山川土地

中国的国土面积960万平方公里，居世界第三。现在的疆域东起黑龙江和乌苏里江的主航道汇合处，西到帕米尔高原，北起漠河以北黑龙江主航道中心线，南到曾母暗沙。在这960万平方公里国土中，少数民族地区的面积很大很大。

中国人均土地面积约12亩，少数民族地区人均则为60亩。民族地区已耕种的土地有3亿多亩，但还有大量宜耕、宜牧、宜林的荒地。

民族地区不仅土地资源丰富，而且类型齐全。山地、高原、盆地、平原、丘陵都有，这非常适于发展农业、牧业、林业等各种产业。

云南梅里雪山

哈萨克族牧民迁草场

中国的少数民族主要居住在土地辽阔的民族自治地方。中国民族自治地方的面积有610多万平方公里，占全国面积的64%左右，总的来说，地广人稀。如西藏自治区面积有122万平方公里，人口只有200多万，每平方公里只有2人；新疆维吾尔自治区的面积有160多万平方公里，约占全国面积的1/6；新疆、西藏、内蒙古、青海等4省区的总面积有470多万平方公里，几乎接近全国国土面积的一半，但总人口只有5000多万，人口密度不到全国平均数的1/25。

有的自治州、自治县的面积也很大。例如新疆的巴音郭楞蒙古自治州，面积有47.8万平方公里，一个州就相当于4个江苏省的面积；甘肃省的肃北蒙古族自治县，面积有6万多平方公里，比祖国的宝岛台湾省还要大。在辽阔的土地上，有着众多的物产，更潜藏着巨大的发展潜力。

丰富多样的资源物产

土地是财富的母亲，有了辽阔的土地，就会有丰富的资源，就会有多种多样的物产。中国物华天宝，就少数民族地区来说，由于地域的辽阔，地理环境和气候条件的多样，物产极为丰富。

有着大量的农牧产品。少数民族聚居地区有3亿多亩耕地，有占全国95%的草原，所以出产大量的农牧产品。中国的羊肉、羊毛基本上都是由民族地区生产的。少数民族地区最有名的农产品是棉花、甘蔗和烟叶。新疆的棉花产量占整个国家棉花产量的一半左右，其中的长绒棉占全国总产量的95%，世界闻名。广西的蔗糖产量占全国的第一名，云南、贵州的烟叶产量大，质量好。还有其他各类产品更是不计其数，有些是少数民族地区特有的，如新疆的哈密瓜、无核葡萄，又甜又香。

有着丰富的物种资源。从中国的东北到西南，民族地区有许多茂密的森林，中国森林资源的60%以上在民族地区，有许多可供开发的动物、植物资源。如云南省这个多民族地区就是中国的植物王国，有高等植物1.6万多种，占中国高等植物的50%以上，其中有许多具有极大经济价值和科研价值的植物。云南也是动物王国，其中有鸟类700多种，占全国的62%；有爬行类动物130多种，占全国的40%；有兽类230多种，占全国的55%，大象、孔雀为云南所独有，所以云南被科学家称作物种基因库。西藏的动植物资源也非常丰富。

新疆维吾尔族的葡萄长廊

有着丰富的水利资源。中国的大江大河，包括中国的母亲河——黄河、长江都发源于民族地区，蕴涵着巨大的水能资源，滋养着中华的土地，为各民族的发展提供着不竭的动力。民族地区的水利资源蕴藏量占全国的52.5%。

有着丰富的能源矿产资源。内蒙古、新疆、贵州、宁夏都有富集的煤炭资源。其中内蒙古的煤炭储藏量在1万亿吨以上，新疆、青海、内蒙古地区丰富的石油资源正在进行开发。在新疆的沙漠和戈壁下面，蕴藏着大量的石油，正在大规模开发中，这里将会发展成中国最重要的石油基地。

有着丰富的非金属矿产资源。中国民族地区的非金属矿储量丰富，品位高，集中成片。贵州、云南、川西的磷矿占全国总储量的1/3以上；青海柴达木盆地的氧化钾占全国总储量的97%；贵州的汞矿占全国总储量的67.8%。此外，青海的石棉矿、硅石，贵州的重晶石，新疆的宝石、玉石，储量都居全国首位。

有着丰富的有色金属矿产资源。中国所有的有色金属矿种，民族地区几乎都有分布，有的储量还非常丰富。云南、贵州、西藏、青海有大量的铜矿；云南的铅锌矿居全国第一位；广西、贵州的铝土矿储量大并且集中；新疆的镍矿居全国第二；广西的锡矿居全国第一。民族地区还有许多稀有金属矿。内蒙古的稀土矿储量占全国总储量的90%以上，占世界的80%以上，位居世界第一，其地位可与中东石油相比，具有重要的战略意义。

随着改革开放和现代化事业的推进，民族地区的工业化进程加快，因而除了生产农、牧、矿、林等传统产品以外，还能生产许多工业产品、科技产品。

秀丽多姿的自然风光

由于历史悠久、土地辽阔，更由于有各族人民不断地劳动创造，中华大地风光秀丽，有许许多多的风景名胜。这些风景名胜有的是源自大自然的鬼斧神工，有的则是来自各族人民的精心创造。这些风景名胜，有的在汉族地区，大量的则是在少数民族地区。谈到中国的秀山丽水，人们会想到长江三峡、黄山、庐山、苏州、杭州等等。这里主要简列一些少数民族地区的风景名胜。

有秀丽的山水。广西壮族自治区的桂林、阳朔以及漓江沿岸山清水秀，山水相拥，诗人用这样的词句来形容其秀美："桂林山水甲天下，阳朔山水甲桂林。"

四川阿坝藏族羌族自治州境内的九寨沟，山环山，水映水，湖光山色，远山近树，犹如一幅精美无比、色彩斑斓的油画。位于湘西土家族苗族自治州的张家界有密密的山林，有秀美的山峰，有变幻的云雾，是许多游人向往的地方。

镶嵌在长白山巅的"天池"和天山山脉的"天池"，都是中国著名的高山湖泊。虽然在高山，但久旱也不会干枯，经常白云缭绕，美丽而又神奇。

日月潭是祖国宝岛的一颗明珠，她在群山环抱之中，像一块晶莹剔透的碧玉。她是台湾最美的风景点，也是中国的十大名胜之一。

此外，黑龙江的镜泊湖、云南的滇池、西藏的纳木错湖，都是有名的高山湖泊，风光如画。

有壮美的草原。中国的草原大都在民族地区，其中内蒙古自治区的草原最大、最美。辽阔的呼伦贝尔草原是中国著名的天然草场。草原上湖泊密布，水草丰美。每到夏季，牧草如茵，百花盛开，宛如一幅绚丽多彩的画卷。秋季，草原处处金黄，无数牛羊在悠然地吃草嬉闹，满目丰收的景象。在大草原上还有众多的名胜古迹，其中有著名的成吉思汗陵和昭君墓，那是许多来到草原的人一定要去看看的地方。

有雄阔的大漠。西北地区山峻地阔，雄浑古朴，其中有为人称道的大漠风光。极目千里，荒漠如海，一望无际，与天地相接。"大漠孤烟直，长河落日圆"，是唐代诗人王维对大漠风光赞美的千古名句，壮丽的大漠日出日落与海上的日出日落一样，引人入胜。

在这片广阔的大地上，还散布着许许多多的名胜古迹：有在沙海中发现的楼兰古城，它坐落在古代丝绸之路的咽喉地段，在东西方文化交流中曾起过重要作用，埋藏着大量的历史文物，吸引着中外考古学者、探险家前来考察、寻宝；有保存良好的克孜尔千佛洞、高昌古城和交河故城。

西北还有一个具有特殊历史和人文价值的景观——丝绸之路。这条修建于汉代的通道，西出长安，沿河西走廊，经新疆、越葱岭而达西亚。一路有众多的名胜：阳关、月牙泉、敦煌、嘉峪关。这条路其实也是一条民族走廊，从古至今，沿路有众多的民族居住和活动，上演了许多威武豪壮的历史活剧。

有神奇壮观的景观。西藏，"世界屋脊"上的这方土地，有蓝天、白云、雪山；有带着神秘宗教色彩、为数众多的寺庙；有五彩缤纷的歌舞，古老神奇的藏戏；有独具特色的唐卡壁画，质朴古老的碉楼。

西藏的神奇，还因为它有与众不同的地貌。这片神奇的土地上有

新疆的夏季牧场

西藏阿里神山——冈仁波钦

云南石林

世界最著名的山脉群——喜马拉雅山脉、昆仑山脉、冈底斯山脉，也有世界上海拔最高的湖与河——纳木错湖和雅鲁藏布江。高耸入云的珠穆朗玛峰，吸引着无数的登山者，只有征服了珠峰，才能称得上是真正的登山英雄。但要登上这座山峰极不容易，只有那些英勇无畏的勇士才有可能把脚印留在那地球之巅。

云南有一片从东北方绵延到西南方，长达几百公里、由奇峰异石组成的岩石森林，这便是号称"天下第一奇观"的石林。林立的石峰有的像竹笋，有的像石柱，有的像飞禽，有的像走兽。千姿百态，万般神奇。

贵州的黄果树瀑布因河床横断、高低落差极大而形成。湍急的河水从数十米的悬崖上咆哮着猛然跌落峡谷，水石相击，发出惊天动地的声音，溅起层层水珠和水花，壮观无比。

有宏伟的古代工程。中华大地不仅有众多美丽的自然风光，还有许多展现人类力量和智慧的人文景观，特别是许多伟大工程，很值得一提。谈到人造工程，中国古代有四大工程是引以为荣的。

第一是万里长城。从2000多年前的春秋战国时代开始修筑，秦代修筑的长城最多，14世纪下半叶建立的明朝还在修建。长城东起辽宁丹东的鸭绿江畔，西到甘肃的嘉峪关，全长6000多公里。

第二是京杭大运河。这条在1400多年以前的隋朝开凿的人工河，南起杭州，北至北京，全长1000多公里。这条河的一些河段现在还在发挥着灌溉、航运等方面的作用。

第三是灵渠。是2000多年前的秦王朝在广西开凿的，它沟通了湖南的湘江和广西的漓江两大河流，使船可以从湖南开到广西，是中国古代一项著名的水利工程。这个工程现今仍然在造福当地百姓。

第四是新疆的"坎儿井"。这是为了防止炎热天气下的水分蒸发，在离地面3～6米的地方挖的地下引水渠，全长有5000多公里，堪称地下万里长城。坎儿井的生命在继续，现在少数民族人民仍在使用它灌溉麦田，浇灌果园。

四、中华民族的灿烂文化

中华民族有着巨大的、不竭的创造力。在漫长的历史进程中，各族人民创造出璀璨夺目的文化，照亮了中华历史的天空，也闪光于世界文化的殿堂。

数量众多的语文

语言文字是一个民族的重要特征。中国民族多，所以语言文字也很多。每一个民族都要通过语言进行内部交流和与其他民族进行交流，所以每个民族至少有一种语言，有的还会讲几种语言。中国的回族使用汉语，满族过去曾有自己的语言，后逐渐使用汉语，其他53个少数民族都有自己的语言。新中国成立时，中国56个民族实际使用的语言超过80种。

语言根据其共有的特点可以划分成不同的"语系"。中国各民族使用的80多种语言分属5个语系：一是汉藏语系，二是阿尔泰语系，三是南亚语系，四是南岛语系，五是印欧语系。此外，中国的朝鲜语和京语还没有最后确定属于哪个语系。

中国56个民族有80多种语言，但只有一部分民族有自己的文字。因为语言是和人类社会同时形成的，任何一个民族不能没有语言而能生存发展。而文字则是记录和传达语言的书写符号，是人类进入文明时代的标志。文字比语言的产生要晚得多，它是文化发展到一定阶段的产物。

在中国，由于各民族社会发展的不平衡，不同民族产生文字时间有先有后。加上一些民族在与其他民族交往中直接使用了其他民族的文字，所以到新中国成立时，一些民族还没有形成自己的文字。有的民族甚至还处在刻木记事的阶段。

新中国成立前，中国只有20来个民族有自己的文字，这些民族是：汉、蒙古、藏、维吾尔、朝鲜、哈萨克、锡伯、傣、乌孜别克、柯尔克孜、塔塔尔、俄罗斯、彝、纳西、苗、景颇、傈僳、拉祜、佤族。满族曾有自己的文字——满文，但后来逐渐改用汉文。北京的故宫，存有大量的满文书籍和资料。

甘肃陇南藏族

21

新中国成立后，国家帮助壮、布依、苗、黎、傈僳、哈尼、佤、侗等民族改进或创制了文字。现在中国使用的少数民族文字有近30种。

各民族文字历史长短不一，使用人数多少不等，但都是或曾经是各民族书面交际和记录文化成果的重要工具，都为本民族的进步作出过贡献，保存并传授着本民族人民创造的厚重而又多彩的精神财富。

丰厚发达的文学

中国各民族在遥远的古代便在中华大地上创造了自己的文化，汉字在3000多年前就出现了。随后便有了记录历史的书籍，借着文字对事物的记录功能和对人的思想感情的表达功能出现了文学作品。2000多年前诞生了诗歌总集《诗经》，它包括了公元前11世纪到前6世纪这500多年的作品，作品流传的地区包括黄河流域、长江流域和汉江流域。作品中有大量的民歌，其中有许多在各民族中流传的歌谣。直到今天，湖南湘西土家族在举行婚礼前祭告祖先的仪式上，还会演奏《诗经》音乐，所唱的歌词正是《诗经》里的有关内容。这充分说明了《诗经》与古代少数民族文化的紧密联系。

在文学方面，汉族的成就自不待言，像汉赋、唐诗、宋词、元曲、明清小说，都真切地反映了汉族在文学方面的巨大成就，但少数民族在文学方面也有极大的建树。

由于各民族的交错居住和相互交流，一些少数民族很早便用汉语文进行创作，或是将少数民族文字的作品译成汉文。比如在中国文学史上具有很高地位的《越人歌》，便是壮族先人的作品，并由壮文译成汉文，距今已有2500多年。《越人歌》出现100多年后，产生了著名的《楚辞》，其中有爱国诗人屈原的大量作品。

中国许多民族有自己的文字，所以用少数民族文字直接创作的文学作品也有很多。藏族的《纳日沦赞使

满族信牌

彝族史诗文本《勒俄特依》

纳西族文字

略》、《松赞干布与大臣庆功唱和》是公元6世纪—9世纪的作品。维吾尔族的《突厥语大词典》产生在11世纪，有很高的历史价值和艺术价值。成书于13世纪的蒙古族的《蒙古秘史》和成书于17世纪的满族的《满文老档》既是重要的历史典籍，又有浓郁的文学色彩，对后来这两个民族文学的发展有着重要的影响。

特别值得一提的是，少数民族在史诗方面，有着光辉的成就。一些名篇与世界上著名的荷马史诗相比，毫不逊色，在世界文学史上，占有重要的地位。曾几何时，世界上为人们称道的史诗有5部，即古巴比伦的《吉尔加美什》、古希腊的《伊利亚特》和《奥德赛》、古印度的《罗摩衍那》和《阿珂婆罗多》。过去，西方长期认为中国没有史诗，其实这是对中国缺乏了解。中国的史诗数量众多、内容丰富，没有哪个国家可以相比，其中又以少数民族的史诗最多，仅蒙古族的史诗就超过100部。中国少数民族著名的史诗有：藏族的《格萨尔王》、蒙古族的《江格尔》、柯尔克孜族的《玛纳斯》，还有彝族的《阿诗玛》等。其中藏族史诗《格萨尔王》是名副其实的鸿篇巨著，共有120多部、100多万行、2000多万字，比上面提到的《伊利亚特》等5部世界知名史诗的总和还要长。中国少数民族的长篇史诗很早就有外国的学者进行研究。如法国的知名学者石泰安深入研究了《格萨尔王》，并有专著出版。

中国有闻名天下的4部古典小说，即《三国演义》、《水浒》、《红楼梦》、《西游记》。其中《红楼梦》的作者曹雪芹是满族。《红楼梦》问世以后，对中国近、现代文学的发展产生了深远的影响，对《红楼梦》的研究已形成了一门专门学科——"红学"。有人曾把《红楼梦》和长城并称为中国可以在世界上引以骄傲的东西。

艺术来自生活，中国各民族对生活的热爱，产生了大量的民间文学作品。许多文艺形成于民间，流传于民间。其形式包括民间歌谣、民间故事。民间故事又包括童话、动物故事、世俗笑话、笑话等。这些民间故事反映了民族的生活、理想、道德情操。有一类故事专门以机智人物与邪恶势力作斗争为题材，内容十分生动有趣。中国许多民族有大量机智的人物，这些人物集中了民族的智慧，体现了民族的道德观念，反映了整个民族蔑视丑恶、战胜丑恶的信心和力量。

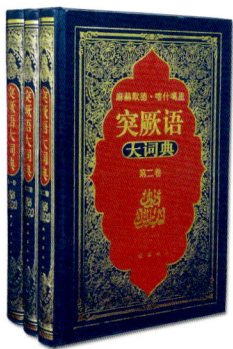

维吾尔族的《突厥语大词典》

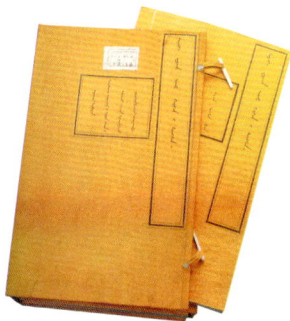

满族的《满文老档》

藏族史诗——《格萨尔王》

丰富多彩的苗族歌会

演奏乐曲（傈僳族）

彝族打歌

绚丽多姿的舞蹈

中华民族能歌善舞，少数民族更是如此。对许多少数民族来说，歌舞是生活方式、生存状态的一部分。欢乐的时候有歌舞，忧伤的时候有歌舞，即使在生离死别的悲哀时刻同样有歌舞。每逢节日有歌舞，重大纪念活动有歌舞，普通劳作也有歌舞。比如南方的一些少数民族有"跳歌"的习惯，逢节日可以从晚上跳到天亮，甚至连跳数日。在许多人的心目中，生活的安定、幸福与快乐是和丰富多彩的文化生活紧密联系在一起的。一旦离开自己民族的传统文化，离开舞蹈和音乐，就会感觉失去了什么，就好像菜里缺了盐巴，就会觉得减少了生活的幸福与快乐。

少数民族的舞蹈源远流长，并随着历史的脚步而不断得到丰富和发展，一直延续到今天。中国少数民族的铜鼓在 2600 多年前的春秋时期就已经出现，与铜鼓相联系的铜鼓舞一直传到今天，广泛地流行于彝、瑶、苗、壮、佤、水、侗、布依等民族之中，每逢节日，声势宏大的铜鼓舞成为不可缺少的节目。

中国各民族的舞蹈丰富多彩，千姿百态。各民族的民间舞蹈直接源于各民族的生活，是人体的动态文化。舞蹈的特征是用人类自身的形体动作即肢体语言表现思想、感情、精神，表现社会生活。中国的民族舞蹈种类繁多，全国民族民间舞蹈有 100 种左右。少数民族使用一定器物进行的舞蹈非常有特色：朝鲜族背着长鼓起舞叫长鼓舞，傣族背着类似大象脚的鼓起舞叫象脚舞，佤族背着木鼓起舞叫木鼓舞，蒙古族拿着筷子表演的叫筷子舞，苗族边吹芦笙边跳的舞蹈叫芦笙舞，藏族手合手打着铃鼓跳的舞叫铃鼓舞，壮族手持扁担表演的舞蹈叫扁担舞。

有的民族跳舞时，虽然不拿器物，但人数众多，气氛热烈。如维吾尔族的"麦西来甫"，是一种群体的舞蹈，参加的人可多可少，在手鼓的伴奏下，大家一起起舞，尽情表达自己欢快的心情和对美好生活的赞美。

优美动听的音乐

歌是劳动的产物，是情感的使者。唱歌是中国各民族普遍喜爱的艺术形式，如果将中华民族的歌集中起来加以陈列，会使人觉得走进了歌的世界。在少数民族地区，更是处处是歌台，村村有歌声。歌的形式十分丰富，曲调有：大歌(侗族)、大调(布依族)、西山调(白族)、玩调(佤族)、龙船调(土家族)等等，演唱的形式有：独唱、合唱、对歌、踏歌、歌圩……缤纷多样，难以计数。

歌的结构形式和表达的内容更是无法统计。以布依族的民间歌曲"大调"为例，歌唱的内容包括日月星辰、山川河流、民族历史、英雄人物、人生际遇等。每首传统曲目有12部，每部有12句，每曲有12句。如贵州望谟县的《问答歌》，包括"起头歌"、"天地歌"、"山水歌"、"人生歌"、

纳西族的古乐会

"相请歌"、"月亮歌"、"相会歌"、"送信歌"、"定情歌"、"逃难歌"、"告状歌"、"变身歌"等12部，共1700多句，真是三天三夜也唱不完。

中国少数民族的许多音乐作品在国外有很大影响。侗族的三部重声合唱在世界上都少见；土家族的"龙船调"在世界上被列为最有代表性的民间歌曲之一；王洛宾所整理的《在那遥远的地方》《达坂城的姑娘》等少数民族民歌为中国人所喜爱，也为世界上许多人所喜爱；纳西族的古乐在世界一些地区演奏后引起巨大轰动。维吾尔族的"十二木卡姆"是具有统一调式的以歌、舞、乐组合而成的传统古典大曲，全部大曲共有12套，15世纪已流行于新疆。演唱时，用多种乐器伴奏，具有很高的艺术价值，被称为"维吾尔音乐之母"。

与歌相联系的是音乐和乐器。中国的民族乐器共有500多种，有的造型别致，有的音色奇特，有的演奏方法奇异。小的只是一片树叶，大的高达数米。用来制作乐器的材料有金、石、土、草、木、铜、竹、骨、角等等。比如，塔吉克族的鹰笛是用雄鹰的骨头做成的，吹起来悦耳动听。

音乐和戏曲关系密切。中国的戏曲也是品种繁多。中国的戏曲大致可以分为两大类，一类是以地方为特色的剧种，如京剧、粤剧、川剧、越剧、黄梅戏等；一类是以民族为特色的剧种，中国少数民族的戏曲剧种有30种以上，如藏剧、白剧、傣剧、彝剧、苗剧、壮剧、布依族戏、侗戏、毛南族戏等。多数戏剧都是在本民族的民歌、歌舞、说唱音乐、器乐等多种音乐成分的基础上，经过长期的实践而发展起来的。有的虽然吸收了汉族戏曲的形式，但都根据本民族的文化特点和人民群众的需要，加以变化和发展，从而有着鲜明的民族特色。

巧夺天工的绘画

在美术方面，中华民族有着杰出的才华，有着很高的成就。绘画是用色彩和线条在平面上描绘形象。中国的绘画艺术种类繁多，中国画历史久远，有着丰富的表现力，在世界绘画艺术中占有重要地位。除此以外，还有与众不同的岩画、墓葬壁画、石窟画和寺院画。岩画等多在少数民族地区。

岩画。是绘在山崖岩壁上的图画，这在《水经注》中已有记载。目前中国已在12个省、区有岩画发现。其中著名的有：宁夏贺兰山岩画，形象地反映了古代北方狩猎民族的经济生活、宗教信仰；广西宁明县花山岩画(距今约2000年)，宽221米，高约40米，是国内岩画之最。画面主要是人物，还有铜锣、藤牌和动物的画像，气势宏伟；新疆境内的岩画遍及天山南北，画面有动物、放牧、打猎、舞蹈、原始文字。这些画既是艺术，又是历史。

石窟画。是在开凿的石窟上绘制或雕刻、彩塑的图画。中国最早的石窟开凿于新疆地区。中国有名的石窟画有：甘肃的敦煌莫高石窟、河南的龙门石窟、山西的云冈石窟、甘肃天水的麦积山石窟、新疆的克孜尔石窟。其中以敦煌的石窟画最为著名。

寺院绘画。主要是寺庙中的殿堂壁画艺术和以寺院僧人为主体的绘画艺术。这以西藏的寺院画最为有名，西藏的许多寺院都有满墙满壁的壁画，这些画题材广泛，人物生动，特点鲜明，技巧卓越。

山西云冈石窟

美轮美奂的服饰

服饰是民族文化的一部分。中国各民族的服饰多姿多彩，居住在不同地区的同一民族的服饰也存有差异，各显特色。

材料因地制宜。受经济生活和气候冷暖干湿的影响，各民族用来缝制衣服的材料千差万别。

生活在大兴安岭大森林的鄂伦春族、鄂温克族过去用狍子皮、野兽筋缝制衣裤靴帽，被褥也大都用狍子皮、熊皮制成。从事畜牧业的蒙古、藏、哈萨克、柯尔克孜、塔吉克、土、裕固等民族传统的衣着大都用的是牲畜的皮毛。比如用羊皮做大衣，用羊毛做衣服，用牛皮做靴子。

南方的少数民族善于织布、织麻，因此许多民族穿的是棉、麻、丝等植物纤维为材料的衣服。

有的民族还有与众不同的衣料。过去主要从事渔猎的赫哲族会把鱼皮鞣制后做成衣服，黎族、高山族能把树皮制作成衣服。

黔东南苗族服饰

裕固族服饰(左图)
羌族服饰(右图)

款式各不相同。各民族服装的款式多种多样，好像天上的星星数也数不过来。大体上说，北方民族穿宽袍长褂的多，南方民族穿短衣短裙的多。蒙古、藏、哈萨克、土、裕固等民族大多穿着长袍、裤子、靴子。藏袍无领、斜襟，往往袍子的长度超过身高，袖子的长度超过手长。穿着时，习惯一个袖子不穿，露出右肩，这样便于劳动和日常生活。

满、锡伯、达斡尔等民族，过去多穿大襟的长袍和短褂，有时外罩坎肩。

新疆的维吾尔等民族，男子穿齐膝的对襟长袍，没有纽扣，用花色的方巾系腰。妇女则穿各式各样的衣服和裙子。

南方民族的男子基本上是上穿衣，下穿裤，颜色以黑、蓝、白为主。彝族的男子外出时，都要披一件用羊毛织成的黑色的"擦尔瓦"，形状很像斗篷。南方民族的妇女大都穿裙子。有的民族把穿裙子还是穿裤子作为是否结婚的标志，结婚前穿裤子，结婚后改穿裙子。裙子的式样各有千秋，长的拖地，短的露膝。裙子

裕固族的牛皮雕画

回族手工刺绣

的颜色有的艳丽，有的单一。裙子很多是自己手织的，"男子不会耍刀，不能出远门；女儿不会织筒裙，不能嫁人。"这是一些少数民族的谚语，形象地反映了社会生活。

注重工艺装饰。"爱美之心，人皆有之。"谁都愿意通过穿衣戴帽，把自己打扮得漂漂亮亮。为了使衣服更有特色，更加漂亮，人们常常在工艺和装饰上下功夫。

许多民族在衣服上加上自己喜爱的图案。这些图案有的是用手工直接绣在上面的，有的是作为衣服的一个附件加工好以后再镶上去的，有的则是通过特定工艺印上去的。图案有花鸟虫鱼、山水人物、各种图形。柯尔克孜、塔吉克等民族的皮靴上都绣有花纹，裕固族女袍的领边、袖边都镶有刺绣的花边，贵州苗族的蜡染有着很高的水平。

衣服的颜色也是人们很讲究的。有的民族喜欢白色的衣服，有的民族喜欢黑色的衣服，还有的民族喜欢蓝色，更有许多民族喜欢五彩缤纷的服装。如，傣族、白族、彝族妇女穿的裙子五颜六色，非常鲜艳；土族妇女的袍袖十分别致，从上到下并列30厘米宽的蓝、红、白、绿、黑色的布5节，色调和谐而醒目。多彩的衣服，折射的是多彩的生活。

头饰十分讲究。穿戴穿戴，一个重要方面是戴。少数民族十分重视头部的装饰。一些民族的名称可以从头饰上辨别出来。

男子头部的装饰主要是戴帽子和裹头巾。帽子以西部的民族最有特色。新疆少数民族的衣服大同小异，但帽子各有特色。维吾尔族男女都戴四楞的帽子，简称"小花帽"，颜色和图案花样繁多。哈萨克牧民戴色

维吾尔族服饰

藏族服饰

彩鲜艳的缎面羊羔皮或狐皮三叶帽。西藏高原的珞巴族喜欢戴熊皮圆盔，藏族等民族则喜欢戴大檐的毡帽。南方民族的男子的另一类头饰是头巾，也称头帕，颜色和扎法式样很多，有的复杂，有的简单。

女子的头部装饰则比男子的丰富。和男子一样，新疆民族的妇女也喜欢戴小花帽。哈萨克族姑娘戴的绣花小帽叫"塔克亚"，上面常缀有猫头鹰的羽毛，除了漂亮，还显出一股英武之气。塔吉克妇女的帽子带有后帘，并喜欢在前沿装上成排的小银链。回、东乡、撒拉、保安等民族的妇女则戴盖头。南方民族的妇女的头饰更是丰富多样。苗族等妇女的头饰很大，用银子制成，工艺讲究，银光闪闪；佤族、傈僳族的妇女喜欢戴约30厘米宽的银子制成的头箍；还有一些民族戴的是颜色鲜艳、既像帽子又像头巾的装饰。其中白族妇女的头饰，由形状和颜色构成富有诗意的"风、花、雪、月"。

特色鲜明的体育

中国各民族都有自己的体育项目，内容和形式丰富多彩，成为民族文化中很有特色的组成部分。

除了武术、赛龙舟、踢毽子等项目广为人知外，各民族还有许多独特别致的体育项目。据不完全统计，中国各民族的传统体育项目有300多项，大致可以分为四类：第一类是空中运动，包括各种秋千、跳板、空中转轮及空中走绳等。第二类是马上运动，包括各项骑在

鄂伦春拉杠子比赛

四川理塘赛马会

新疆达瓦孜

马上的竞赛项目，赛骆驼、赛牦牛也包含其中。第三类是水上运动，包括龙舟竞渡、赛皮筏、水中捉鸭和踩独木等。第四类是陆上运动，包括摔跤、角力、登攀、跳跃、射箭、投掷、球类、武术等。这些传统体育项目除了极少数和现代竞技体育运动项目类似外，绝大部分民族和地域特色鲜明。

少数民族的体育有的来自生产技能、生活劳动，如秋千、马球、爬杆、钓鱼；有的与军事和战争有密切关系，如射弩、武术、摔跤等；有的与文化风习联系在一起，如跳铜鼓、跳芦笙、斗牛等等。

少数民族的体育具有民族性、传统性、文体一体性等特点。不仅具有娱乐功能，还有文化传承功能和振奋民族精神的功能。中国每四年举行一次全国少数民族传统体育运动会，这已成为一项制度。

中华民族的医药极富特色，中医中药早已闻名世界，少数民族也在医药方面创造了许多有价值的成果。如藏、蒙古、维吾尔、傣、壮、朝鲜、彝、瑶、苗、回、侗、土家等民族有自成体系的医药，医疗技术、药物使用、治疗效果等方面很有独创之处。这些民族在医药方面不仅积累了丰富的实践经验，而且形成了一批医学文献和民间验方。

中国各民族的医药，不仅能治病保健，还具有很大的文化价值。

五、中华民族的风习信仰

　　风俗习惯，它是一个民族在特定生活环境中，经过长期的历史发展而形成和保持的生活方式，从不同程度上反映出一个民族的历史传统、文化心理、道德情操、外部特征。

　　中国各民族有着不同的风俗习惯，这些风俗习惯表现在居住、饮食、服饰、节庆、婚姻、礼仪禁忌等生活的各个方面。

民族风习的一般特征

　　风俗习惯是一个民族在长期的历史发展过程中相沿久积而成的风尚、习俗，它包括一个民族的衣食住行、婚礼丧葬、节庆娱乐、文学艺术、生产活动以及待人接物等物质生活和文化广泛流传的喜好、风气、习尚和禁忌。它是民族文化的反映，也是一个民族区别于其他民族的重要标志。

　　少数民族风俗习惯的特点。中国少数民族的风俗习惯尽管各有不同、各具特色，但有些特点是共同的。

傣族泼水节

朝鲜族"过花甲"

民族性。这是民俗最重要的属性。不同的民族具有不同的风俗习惯，各个民族的风俗习惯反映出浓厚的民族色彩，受到地理环境、经济生活、文化传统、社会历史、宗教信仰等多种因素的影响，表现在民族的日常生活之中，是民族间相互区别的一个重要标志。如水族的端节，是最大的民族节日，相当于汉族的春节，这是水族独有的节日，这个节日与水族的历法有关。

群众性。一个民族的风俗习惯，为这个民族的群众所普遍认同、共同遵守，在整个民族中流行，成为心理和感情的依附，渗透在这个民族的生产生活中，有着广泛的群众基础。正是因为民族风俗习惯具有民族性、群众性，既表现为外在的生活方式，又表现为内在的情感、心理，因而起着维护和巩固民族这个人们共同体的作用。如彝族的"火把节"是各地彝族共同的传统节日。

历史性。这是民族风俗习惯在时间上或特定的时代里显示出的外部特征。中国少数民族在历史上形成的许多风俗习惯，尽管社会制度经历了多次变革，但却一直保留其历史传统特点，保留其远古遗风特色和传统文化风格，呈现出一定的稳定性。有些风习可以从千百年以前甚至远古时代找到它的源头。以婚俗中的抢婚为例，抢婚是原始社会氏族公社由母系向父系过渡时流行的一种族外婚，这种婚俗的遗风在中国一些少数民族中以种种形式保存了下来。不过，现代的抢婚只有象征意义，往往是事先约好时间、地点再行抢婚，是原始社会抢婚习俗的变异，也带有浓厚的民族文化传统。

地域性。这是民族风俗习惯在空间上所显示出的特征。正如俗话所说："十里不同风，百里不同俗。"同一民族内部，因地域不同也会在风俗习惯上呈现出某些差别。以苗族为例，由于地区不同，各地苗族的传统节日就有所不同。这种地域性还表现为同一地区的不同民族也会过同一个节日，如"火把节"，彝族和其他一些少数民族都把它当作自己的节日。

变异性。民族风俗习惯虽然具有传统继承性和稳定性，但也不是一成不变的。它随着人们社会生活条件的改变而不断变化，只是变化的速度比较缓慢，往往落后于社会生活条件的变化。历史的变迁，地区的变动，各民族的风俗习惯从内容到形式都或多或少会发生变化，有时甚至是剧烈的变化。譬如，从清代满族的旗袍到现代服装的旗袍；鄂伦春族过去住的是用木头搭成的圆锥形的"斜仁柱"，现在住进了砖木结构的热炕平房；在牧区，拖拉机、汽车正逐渐代替传统的勒勒车。随着物质生活条件的变化，那些不利于民族共同繁荣发展的风俗习惯，也都被进行了改革。例如有些民族在生产方面的禁忌已经被消除，婚娶丧葬中的封建迷信、铺张浪费等陋俗在精神文明的建设过程中正逐渐被改变。

民族风俗习惯的社会功能。民族风俗习惯的保护对民族的自身发展有着重要意义。首先，民族风俗习惯，是一个民族深厚的民族传统的反映，表现了民族的特质、制度、行为和精神文化的内容，是民族的外在特征以及民族间相互区别的一个重要标志。保护民族风俗习惯就是保护一个民族的民族文化。其次，民族风俗习惯保留了一个民族的历史传统，保留了其远古遗风和传统文化风格，呈现出一定的稳定性。通过民族风俗习惯可以了解一个民族的历史传统。再次，一个民族的风俗习惯，在整个民族中流行，有着广泛的群众基础，渗透在这个民族的日常生活中，反映着一个民族的共同心理感情，起着维护和巩固民族共同体的作用。

一个民族的风俗习惯，只要有利于发扬民族优秀文化传统，弘扬民族精神，提高民族自尊心和自信心，有利于民族之间的团结友好，就应该加以保持发扬。很多风习具有这种功能。那些开展民族传统文化和民族体育活动的风俗，对振奋民族精神、发扬勤劳勇敢的民族美德、弘扬民族文化起着促进作用，应积极提倡，大力弘扬。另外，中国少数民族大都热情、淳朴、好客，这些美好的风俗，应成为社会主义精神文明建设中的有机组成部分。

各民族风俗习惯中有些内容不利于各民族团结、进步与发展，如婚姻上的血缘婚、不落夫家以及歧视女性、不重视女孩子的教育，还有公吃公喝、忽视财富积累等，都是在特定的历史时期产生的，加以改革是必要的。

风俗习惯的若干形式

风俗习惯作为一种生活方式，它体现在各民族生产生活、彼此交往的方方面面。

不同风格的住所。人们的住房与地理环境、气候条件、经济生活、文化心理有着密切的关系，因而各民族的房屋在造型、材料、工艺等方面都有很大的不同。汉族多为重顶飞檐的汉唐式建筑，少数民族的住所则丰富多彩。主要有：

西藏墨脱溜索

藏族姑娘

毡房式建筑。这是中国北方游牧民族为适应动荡不定的游牧生活和北方的寒冷气候而采用的住所，这种住所便于拆卸、安装和搬迁。这种形式的民居至少在汉代就有了。北方草原民族认为天是圆的，地是方的。比如，那首著名的少数民族民歌《敕勒歌》里就唱道："天似穹庐，笼罩四野……"住房的形状与"天圆地方"的宇宙观有关。居住毡房式民居的有多个民族，但不同民族的这种居所又有所差别，并且名称也不相同。比如，蒙古族住的叫蒙古包，哈萨克族和藏族住的叫毡房，鄂伦春族住的叫"仙人柱"。材料也不相同，蒙古包、各类毡房覆盖在上面和围在外面的是羊毛织成的毛毡，而"仙人柱"覆盖在外面的则是桦树皮或芦苇。

院落式民居。也可以称作庭院式民居，一般由住宅和院落两大部分组成，是一种功能比较齐全、比较舒适的住房。中国各民族主要居住这类房屋，但不同的地区、不同的民族差别也很大。维吾尔族的住宅一般由院落、住宅（客室、前屋、后屋）组成。院落结合房子的外廊设有炕台和葡萄架，是人们弹唱、

鄂温克族的住房

休息、餐饮的地方。满族的住房一般为3间或5间，坐北朝南，采光良好。用泥土垒成的院墙，以木栅或木条做院门，院落宽敞。居住在青海东部的回、土、撒拉等民族，住着一种叫"庄窠"的民居。四周土筑墙包围，居室用木构架承重，通过檐廊使院落与房屋连为一体，院内有车棚、草料棚、畜料棚、果木、菜蔬等。纳西族最早住的有木楞房，是用一根一根的木头垒起来的住房。

干栏式民居。这是中国南方少数民族典型的传统住房形式。基本造型是分为两层，上层供人居住，下一层饲养牲畜、放置杂物。建筑材料主要是竹木。干栏式建筑适应南方多雨潮湿的气候，也考虑到了饲养牲畜的实际需要。壮族的干栏式民居上层是人居住层，由望楼、堂屋、火塘间和卧室组成。其中火塘间既是厨房，又是餐厅，还是全家聚合、会客和娱乐的地方，在山高天冷

壮族的干栏式民居

的地区，火塘常年生火取暖。下层是牛栏、猪圈、厕所，或堆放柴草、大农具及杂物。傣族的住房以干栏式竹楼最有代表性，竹楼是用竹子、木料搭成的楼房，也是上层住人，底层圈养牲畜和堆放杂物。傣族竹楼四周往往是四季常青的竹林和果林，清风吹来，草木沙沙作响，果树阵阵飘香，使人心旷神怡。住干栏式民居的还有侗、苗、土家、黎、傈僳、景颇、佤、布朗等民族。

土掌房。居住在云南省、贵州省、四川省的彝族、哈尼族、布依族等一般住的是土掌房。土掌房的特点是就地取材，造价低廉，经济实用。这种房子以土为主要原材料，取当地的黏性沙土修建成平顶土房，屋顶兼做晾晒东西的场所。这也是因为山区平地很少，收获的庄稼需要晒干收藏，在房屋顶上设置这样一块平顶，便解决了生产上的一项需要。居住在哀牢山一带的彝族住的土掌房分正房和厢房，正房为堂屋，用来招待客人；厢房则用作卧室和厨房。

碉楼房。羌族居住在海拔3000米左右的地区，山高谷深，村寨多建在山区或半山区，依山就势，气势雄伟。碉楼主要用石头砌成，低的数米，高的数十米。碉楼有多种功能，可以分为居住碉楼、防卫碉楼、了望碉楼等。居住碉楼主要是人居住的地方；防卫碉楼用于自我防卫和通报紧急信息。碉楼还有四角碉楼、六角碉楼、八角碉楼等式样。此外，羌族还有用一片片石块盖成的房子，远远看去，像一片片巨大的鱼鳞有规则地叠在一起，风格独特。

随着时代的发展，生活的改善，各民族人民的住房不断发生着变化。一些传统的、破旧的住房逐步淘汰，换成了宽敞漂亮的平房或楼房。

风味独特的饮食。俗话说："民以食为天。"由于自然环境、经济条件、文化传统的不同，各民族的饮食各有特点，构成中华饮食文化的大观。

食品结构不同。不同地区的民族吃的食物的品种存在很大差别，这首先是由经济条件决定的。在过去往往只有当地的自然条件和人的生产能力能够提供什么，人才能吃什么。生活在草原的民族，主要从事畜牧

羌族碉楼

俄罗斯族"木刻楞"房

业，所以以吃肉、吃奶制品为主，包括吃牛肉、羊肉，食用奶酪、奶油、奶皮、奶茶、酥油茶，有的民族还吃马肉，喝马奶。从事农业生产的民族，则主要以粮食、蔬菜和饲养的家禽家畜为主要食物。从事渔猎的民族，则会更多地食用渔猎物、野菜野果。现在由于交通的发达，饮食习惯也在发展变化之中。

食用方法不同。不同民族使用相同的食物，在制作、取用方面也会存在很大差别。比如，羊肉是许多民族喜欢的食物，但吃法各有不同。维吾尔族爱吃"烤全羊"、羊肉串，现在许多城市都能闻到羊肉串的香味，有尊贵的客人来便用烤全羊招待；蒙古族、哈萨克族则喜欢"手抓肉"，把肉切成大块，煮熟后盛在大盆大盘里，用手拿着吃；北方的汉族等民族则喜欢"涮羊肉"，把羊肉切成薄片在火锅里涮着吃。又以稻米为例，汉族通常制成白米饭，而少数民族吃米饭的花样却很多。壮族会做由五种颜色组成的糯米饭，这叫"五色饭"；佤族、傣族、黎族等南方民族会把米装到新鲜的竹筒里，再在火上烧烤，这样就能做成香喷喷的竹筒饭；朝鲜族喜欢把糯米打成米糕食用；用大米、羊肉、胡萝卜、洋葱等焖成的"手抓饭"则是维吾尔、乌孜别克等民族的美食。

特色食品繁多。各民族还有一些独特的食品和饮食习惯，如满汉全席，藏族的酥油茶、糌粑，蒙古族的奶茶，哈萨克族的奶疙瘩，维吾尔族的囊，回族的馓子、清汤牛杂碎，彝族的坨坨肉，普米族的"红烧琵琶肉"，哈尼族的"竹筒鸡"，仡佬族的"辣椒骨"，侗族的三江炕鱼，白族的"生皮"、"乳扇"，土家族的社饭，畲族的乌饭，朝鲜族的泡菜，苗族的龙凤汤等等，各有特色，各具风味。

饮品名目繁多。除了主食、副食，各民族还会制作各种不同的饮品。奶有：马奶、牛奶、羊奶、驯鹿奶、骆驼奶。酒有：藏族的"青稞酒"，彝族的"坛坛酒"，傈僳族的"漆油酒"，怒族的"咕嘟酒"，高山族、苗族、土家族的"咂酒"，蒙古族的"奶酒"，土族的"酩流酒"，鄂伦春、鄂温克族的"野果酒"，布依族的"刺梨酒"，普米族的"苏里玛酒"。茶有：藏、门巴等民族的酥油茶，瑶、侗等民族的油茶，白族的三道茶，土家族、苗族的万花茶，蒙古、达斡尔、塔吉克等民族的奶茶，基诺族的普洱茶，回、东乡等民族的盖碗茶，傈僳族的麻籽茶。

维吾尔族的传统食品——馕

饮食存有禁忌。有的民族也有一些禁止食用的食物。比如回、维吾尔、哈萨克、柯尔克孜、乌孜别克、塔吉克、塔塔尔、东乡、保安、撒拉等10个信仰伊斯兰教的民族忌食猪肉、动物血和自死的禽畜。满、裕固、藏、苗、瑶、拉祜、纳西、畲等民族忌食狗肉，等等。

充满欢乐的节日。节日是需要纪念或庆祝的日子。中国各民族的节日很多，节日活动的内容十分丰富、有趣。这些节日有着不同的来历。

有的节日和时令有关。比如春节，是中国农历的正月初一，这是包括汉族在内的大多数民族都要过的节日。但各民族欢度春节的方式有所不同。比如，傈僳族过春节时要在村寨搭起彩门，举行射弩比赛，男女青年会弹着琵琶、四弦等乐器，尽情歌舞。东乡族过春节，除了宰牛宰羊以外，还要组织体育活动，一是打"咕咕嘟"，这是一种类似棒球的运动；还有要打"土块仗"，邻村的人互相邀约，双方在沟边、地角、山头互相追逐，用土块投打对

藏族望果节

方。傣族的泼水节相当于春节，是傣历的新年，一般在公历的4月中旬，节日的一项重要活动就是互相泼水，直至人人全身湿透，以表示美好的祝愿。

有的节日和生产活动有关。藏族的"望果节"在秋天举行，人们穿着盛装，腰系彩带，打着彩旗，抬着青稞穗、麦穗扎成的丰收塔，塔上系有洁白的哈达，唱着颂歌，绕地头转圈，祈求丰收。佤族一年一度的传统节日是"播种节"，一听名字就知道和生产有关。过节的时候，要修好村中的道路，打扫房子，青壮年要组成若干小组，有的去打猎，有的去打鱼，然后把捕得的猎物和鱼煮成稀饭，大家共享；还要宰一头牛，切成若干块，每户一块。每家的主妇还要到自己的田地里，做些象征播种的动作。这类节日，是对丰收的渴望，也是对劳动的赞美。

有的节日和传说有关。云南和四川的彝、白、佤、布朗、纳西、拉祜等民族的"火把节"就是如此。节日的来历是：传说很久以前，天上有个凶神叫斯热阿比，经常到人间要粮要钱，敲诈勒索，彝族人民奋起反抗，推选了一位英雄与凶神决斗，并杀死了凶神。上天因此大怒，就撒下"天虫"吃庄稼。为了保护庄稼，男男女女举着火把烧"天虫"，历时三天三夜，大部分"天虫"被烧死了，剩下的躲进了庄稼地。为了不让

哈尼族年节时的长街宴

这些虫子继续毁坏庄稼，祸害人民，人们每年都举起火把，驱烧害虫，年复一年，就形成了"火把节"。居住在广西的京族的盛大节日是"哈节"，也源于传说。相传在古代，有位歌仙来到京族人民中间，以唱歌为名，组织人民反抗残暴的封建统治，她的歌声优美，并参加了反对统治者的战斗，后不幸战死在战场，人们便修建了"哈亭"（"哈节"唱歌的专用场所），用歌声来纪念她。每逢"哈节"，京族男女老少，身穿盛装，聚集哈亭，开展丰富多彩的歌唱活动，欢度节日。

有的节日和历史有关。锡伯族有一个节日叫"西迁节"，来历是：1764年4月18日，清廷下令居住在东北盛京（今沈阳）一带的锡伯族官兵1000多人到新疆伊犁一带驻防。他们执行命令，赶赴西北边疆，经过一年多的长途跋涉到达伊犁，重建家园，保家卫国，因此就把这一天定为节日。土家族"过赶年"也来自历史。1555年，人们正在办年货准备过春节的时候，中央王朝下令调集当地的兵丁去抗击倭寇，土家族人民为了赶赴战场，杀敌建功，便提前一天过年，并发誓不打败敌人决不还家乡。为了纪念这个光荣出征的日子，每年都提前一天过年，便成了今天土家族"过赶年"的习俗。

有的节日和宗教有关。信仰伊斯兰教的民族每年都要过开斋节（新疆又叫肉孜节）和古尔邦节，这两个节日与宗教有关；傣、德昂、佤、布朗等民族的关门节、开门节也与宗教有关。

人们在欢度节日的时候，不仅仅是梳洗打扮，唱歌跳舞，还要进行经贸和社交活动。如蒙古族的那达慕大会，已有700年的历史，起初只是进行射箭、赛马、摔跤等活动。现在内容扩展了，增加了文艺表演、物资交流，成为盛大的节日；壮族的歌圩节，除了唱歌、对歌外，还是青年男女进行认识、交往的场所；白族的"三月街"也由过去宗教性质的节日，发展为体育盛会、文艺汇演、商贸交易等综合性活动。

待人接物的礼仪。中国是个"礼仪之邦"，中华民族的道德风尚在许多程度上表现在各民族的礼仪之中。

礼貌待人。第一次见面的人，或是在路上偶然遇到的人，许多民族都会表现出热情、自谦和对对方的尊重，见到熟人和长者时，更会以礼相待。蒙古族人见面时，一般都要说"赛拜努"（你好）。回族人在日常生活中，见面都要问安。仫佬族男女青年在郊外相逢时，不论是不是相互认识，都可以邀请对方唱歌。塔吉克族的男子相见，一般都要亲切握手，亲密的要互相吻紧握的手背，最亲密的还要互相拥抱；女子见面时，年长的吻年幼的眼睛，幼者吻长者的手背，平辈互相吻脸颊。

满族踩高跷过春节

热情待客。热情地招待客人，是各民族的普通习俗，如果对客人招待不周，会被认为是一件很耻辱的事情。哈萨克族对来访或投宿的客人都要拿出最好的食品殷勤招待，对待贵宾，还要专门宰羊。进餐时，主人先把羊头放在盘子里献到客人面前，表示尊敬。客人则要用刀先割下一片羊头右面颊上的肉捧给在座的长者，又割下一块羊耳给在座的幼者，然后自己随意割下一片羊肉食用，再把羊头捧还主人。路过哈萨克的毡房，碰上主人不在家，可以进毡房自己烧水做饭，有酒喝酒，有肉吃肉。如果主人还没有回来，可以离开。主人对此绝对不会生气。西藏的珞巴族见到有客人进村时，就会热情地请到家里，请客人坐在火塘边最好的位置上，然后拿出干肉、竹筒酒、荞麦饼等招待。请客人吃饭时，主人要先喝一口酒，先吃一口饭，表示酒饭无毒和自己的真诚。端到桌上的饭菜，客人吃得越多，主人就越高兴。遇上村子里有人结婚，客人要和村子里的人一起去道贺。

39

互助互敬。傈僳族重团结，讲互助，一家有困难，大家来帮助。他们常说的话是"自己有饭吃，就不能看着别人挨饿"，这是代代相传的道德观念。在毛南族的村寨里，不论谁家有喜事、丧事或盖房子，不需要主人请求，大家都会主动跑去帮忙，并且不要报酬。怒族的猎手打得猎物，决不会独自享用，而是全村每人都有一份。门巴族如果家里杀了牛，要向亲友和村里各家送一点牛肉，收到牛肉的人，需要回敬一筒酒，并与主人共饮。

尊老爱幼。这也是各民族普遍奉行的道德风尚。朝鲜族的晚辈对长辈说话必须用敬语。吃饭先给老人盛，晚辈不能当着长辈的面喝酒，即使要喝，也要背过脸去。朝鲜族还有敬老养老的老人节。东乡族晚辈出门归来，见老人必须弯腰请安，给老人倒茶递饭要用双手，以示尊敬。老人坐炕要坐在炕的当中，吃饭时，要老人先动碗筷，其他人才能开始进食。尊重妇女，爱护儿童，是纳西族的传统美德，对妇女给予特别的尊重，妇女在家庭、在社会不受轻视，不受伤害。

鄙视金钱。在一些人眼里，金钱至上，为了钱财不择手段，甚至伤天害理。中国许多少数民族却把金钱看得并不那么重要，"路不拾遗"是许多民族的美德。在鄂温克族居住的地方，如果你在路上丢了东西，无论过了多少日子，你再返身回去找，一定能够找到。居住在云南怒江边的独龙族，现在还保留着"夜不闭户"——不用关门睡觉的习惯。人们出门时，常把食物放在路边的树上或可以看得见的岩洞里，当地过往的行人即使饥饿得难以忍受，也不会随便去拿来填自己的肚子。

水族长号迎客人

中国民族的宗教信仰

中国各民族大都有宗教信仰，有的民族群众性地信仰宗教。信仰的宗教主要有佛教、伊斯兰教、天主教、基督教、道教。新中国成立前，一些少数民族有着原始宗教信仰。

佛教。创立于公元前 6 世纪。佛教的经典是《大藏经》。佛教约在 1 世纪传入中国，吸收中国的文化，适应中国的社会情况，不断地发展。佛教在汉族的一些人中信奉，也有一些少数民族信奉。佛教传入少数民族地区后，和当地的社会情况结合，产生了不同的变化。

藏传佛教。7 世纪末，佛教传入西藏地区，在藏族特定的社会历史条件下，经过与当地传统的原始多神教——本教相互斗争与融合，在 10 世纪后，形成了独具特色的藏传佛教。本教与佛教融合后，其中一部分成为藏传佛教的一个派别。藏传佛教的经典是由梵文和汉文译成藏文的，内容十分丰富，有 6000 种左右。藏传佛教的活佛转世制度，开始于 13 世纪，最著名的转世活佛是格鲁派的"达赖喇嘛"和"班禅额尔德尼"，他们分别于 16 世纪和 17 世纪开始传承。藏传佛教由西藏逐渐传播到蒙古、土、裕固、纳西、普米等少数民族地区，传播到不丹、锡金、尼泊尔等国家。

上座部佛教(小乘佛教)。7 世纪传入云南傣族地区。1569 年，缅甸金莲公主嫁到傣族地区，缅甸王国派多名僧人跟随公主到了中国傣族地区并进行传教活动，在西双版纳景洪地区修建大批塔寺，上座部佛教开始在傣族地区广泛传播。以后，又传播到布朗、德昂、佤、拉祜、阿昌等少数民族中。上座部佛教对傣族等少数民族的历史文化、社会生活产生了很大的影响。

伊斯兰教。伊斯兰教传入中国大约在 7 世纪中下叶。一般认为，唐永徽二年(651 年)，阿拉伯帝国(中国史书称作"大食")向中国派遣使者，这是伊斯兰教传入中国的标志。唐宋时期，一些信仰伊斯兰教的阿拉伯、波斯商人通过海上和陆上的丝绸之路来到中国长安以及东南沿海的广州、泉州、扬州等地经商贸易。他们建立了清真寺，开展宗教活动，其中一些人在中国娶妻生子，留在中国，其后裔成为中国回族的先民。13 世纪后，随着蒙古军队的三次西征和元朝的建立，一批批中亚、西亚信仰伊斯兰教的军士、工匠、商人、官员等来到中国，被称为"回回"，这是伊斯兰教传入中国的主要时期。元朝时期迁入中国的伊斯兰教徒，在与

西藏江孜白居寺

萨满教

当地民族主要是汉族通婚后，吸收了汉族的文化，形成了使用汉语、穿着汉装、又保持了伊斯兰教信仰的民族——回族。同时还逐渐形成了东乡、撒拉和保安等信仰伊斯兰教的民族。

10世纪，伊斯兰教传入中国新疆地区。经过数百年的时光，伊斯兰教在新疆逐渐成为维吾尔、哈萨克、柯尔克孜、乌孜别克、塔塔尔、塔吉克等6个少数民族信仰的宗教。

中国共有10个民族信仰伊斯兰教。

天主教、基督教。天主教、基督教传入少数民族地区，是近代以来伴随着西方帝国主义侵略中国开始的。鸦片战争后，清王朝被迫签订了一系列不平等条约，葡萄牙、西班牙、法、英、美、德和沙俄等国家的传教士，大批进入中国各地，以开医院、建教堂、立学校等各种手段，吸引群众信教。还利用、甚至"创制"某些少数民族文字来编印《圣经》和其他宗教宣传品，如在内蒙古地区，天主教用蒙文译印过《圣经》送给各王公贵族；云南传教士"创制"过景颇文来编印《圣经》章节；在贵州，传教士也曾"创制"苗文来编印宗教书籍和课本供教会学校使用。

新中国成立以后，在汉、傈僳、怒、布依、京、朝鲜、苗、拉祜、景颇、阿昌、独龙、彝等民族中，有一部分人信奉基督教或天主教。

道教。道教是中国土生土长的宗教，在东汉时期即已形成。以《道藏》为主要经典，有多种教派。教徒有在家和出家两种，教徒中男的叫"道士"，女的叫"道姑"。汉、壮、瑶、京、白、彝、仫佬等民族中的一部分人信仰。

此外，俄罗斯族部分人信仰东正教。在鄂伦春族、鄂温克族、赫哲族、锡伯族、满族和达斡尔族中，有一部分人信仰萨满教。云南纳西族中还流传着东巴教信仰。壮、布依、侗、瑶、哈尼、水等民族的许多人，没有系统的宗教信仰，还有的人保留着多神信仰。

汉族没有整个民族统一信仰的宗教。汉族信仰的宗教比较多，佛教、道教、天主教、基督教都有人信仰。还有的地方把历史上和传说中的人物加以信仰，如福建、台湾人信仰"妈祖"，中原地区许多人信仰关公，等等。总体来说，汉族的宗教意识相对较弱。许多人平时不信教，只是有病有难时才"临时抱佛脚"。

甘肃藏族服饰

傣族姑娘跳塔

六、中华民族的心理特征

历史渊源、地理环境、文化传统、生活在统一的国家以及各民族的长期交往与合作，造成了中华民族的心理特征。民族心理包括多方面的内容，这里主要从民族认同、彼此间的合作精神和国家观念等层面做一些叙述。

双重认同意识

民族心理的一个重要方面是民族认同。民族认同一般表现为对本民族的亲近感、归属感以及许多情境下的自豪感。热爱自己归属的民族，关心自己归属的民族，并为本民族的发展进步奉献心力。

对世界上许许多多的民族来说，民族认同是人的情感同某个民族的单一互动，即自己属于哪一个民族就在心理上认同为哪一个民族。中国的各民族则不同，普遍存在双重的心理认同，即既认同自己所属的具体民族，又认同共同归属的中华民族。

中国各个民族的成员都属于一个具体的、特定的民族，如蒙古族、回族等等，属于这些民族的人们自然而然地认同自己的民族。无论身处何处，都不会忘却自己的民族归属，对自己的民族有着难以割舍的感情。民族之根、民族之魂深深地熔铸在自己的血脉之中。

中国各民族还同属于中华民族，因而同时又形成了中华民族心理，即在心理上认同具体民族的同时，也认同中华民族，有着双重民族心理。如蒙古族、回族在认同自己属于蒙古族、回族的同时，也认同自己为中华民族。尤其在重要关头，中华意识表现得极为彰显。辛亥革命后，在帝国主义操纵支持下，分裂势力在蒙古地区进行独立活动时，内蒙古地区的各盟、旗以各种方式加以反对。1913年初，内蒙古22部34旗王公召开了西蒙古王公会议，决议联合东蒙反对外蒙独立，并通电声明："数百年来，汉蒙久成一家"，"我蒙同系中华民族，自宜一体出力，维护民国"。表现了鲜明而强烈的中华意识。又如，满族著名作家老舍在抗日战争中写了一首题为《各族携手保中华》的

43

诗，内容有："何处是我家？我家在中华！扬子江边，大青山下，都是我的家，我家在中华。为中华打仗，不分汉满蒙回藏！为中华复兴，大家永远携手行。"诗中流露出的中华意识、中华情感犹如金石泻落，掷地有声，诗中激情抒发的也是中国各民族的共同心声。

中国各民族的中华意识的形成和强化，原因是多方面的，主要有：

一是各民族长期生活在统一的国度里，中华民族的整体利益和各民族息息相关。中华强，则各民族强；中华弱，则各民族弱。各民族必然关心中华民族的进退盛衰，形成中华心理。

二是在中国各民族的形成发展过程中，互相融合、互相吸收，各族体现的你中有我、我中有你的现象非常普遍，大家源自中华，依附中华，因而心理归属中华。

三是在近代，中华民族多次遭受帝国主义的侵略、蹂躏，救亡图存成为各民族的共同责任，中华复兴成了各民族共同追求，这强化了各民族的中华意识。

中华心理意识的形成是一个长期的过程，其中共同的经济生活、共同对中华大地开发的历史，对中华意识的形成和积淀意义重大。

万千奇迹，共同创造。各民族共同开发了这片东方热土。

在中国的东北。满、鄂伦春、锡伯、朝鲜等民族开垦土地，种植庄稼，从而有了"满山遍野的大豆高粱"，使千古沉睡的北大荒变成了"北大仓"，并且在寒冷的地区成功地种植了水稻。

在中国的北方。蒙古、达斡尔等民族开发了以内蒙古地区为中心的大片牧场，发展了牧业经济，于是有了"蓝蓝的天空白云飘，白云下面马儿跑"，有了"风吹草低见牛羊"的美丽景色。

在中国的西北。有漫漫的沙漠和无边的戈壁，冬天严寒，夏天酷热，《西游记》中描写的火焰山就在新疆。维吾尔、回、哈萨克、柯尔克孜、东乡、保安、撒拉等民族克服了各种不利的地理条件，发展绿洲农业，发展牧业生产。于是天山南北成为如诗如画的好地方；青海湖畔牛羊肥壮、瓜果飘香；宁夏一带成为粮丰草足、鱼跃花香的"塞上江南"。

在中国的西南。居住着藏、壮、彝、苗、土家、瑶、布依、白、傣、哈尼、纳西等众多民族，他们适应和改造各种复杂的地理环境，或在空气稀薄的世界屋脊，或在山高路险的莽莽密林，或在地形复杂的高原、丘陵，发展生产，创造了各具特色的经济生活。于是有了秀丽的山水，片片的稻田，有了海拔4000米以

基诺族少女

上的牧场，有了好像挂在半空中的层层梯田。

在中国的南方。岭南地区虽然气候湿润，雨量充沛，但历来被称作"瘴疠之地"，经常疫病流行，以致在封建时代，有些地方成为安置被朝廷处分的官员和流放犯人的地方。宋代大文学家苏东坡就曾被流放到海南。但各族人民不畏艰难，开天辟地，使岭南成为中国经济发达的地区，于是有了一片片的橡胶林，一排排椰子树，也有了一个个通向世界的港口。

台湾自古以来就是中国神圣的领土。统称为高山族的群体是台湾最早的居民，岛上的汉族和少数民族人民把台湾开发成一个美丽富庶的地方。

不同民族、不同地区的经济开发，丰富了中国社会经济的内容，少数民族有特色的经济与中原汉族地区的经济相互补充、相互依存、相互促进，并由此促进了各民族之间的密切关系。更重要的是，流汗流血的劳作，世世代代的创造，自然而然地使各民族对自己开发耕耘的土地充满感情，喜爱之，依赖之，既而升华为浓烈的中华意识。

民族合作精神

在中华民族的发展史上，各民族存在的差异和发展的愿望，产生了合作的需要。以经济文化为纽带，形成了强烈的合作精神。各民族相互包容，取长补短，共同奋斗，共同发展。这是中国各民族意识的一大特点，也是中华民族发展进步的重要原因。

在文化方面，中国各民族的文化不仅各展其美，而且相互影响，互相吸收，共吐芳华。各民族文化交流源于长期的共生共处，源于各自的特色，也源于彼此的需要。因为吸收了其他民族文化的长处，才能更好地滋养和发展自己。战国时期有赵武灵王"胡服骑射"的故事，讲的是赵武灵王穿着少数民族的衣服骑马射箭。各民族文化交流的缘起和久远由此可见一斑。

各民族文化的交流，既有少数民族学习吸收汉族文化，也有汉族学习吸收少数民族文化，还有少数民族之间文化的相互学习吸收。其内容几乎涉及文化的所有方面，不胜枚举。比如，汉族的语言、文字、诗歌等给少数民族予以巨大的影响，而少数民族的音乐、舞蹈等同样给汉族以很大影响。在当今的中国舞台上，少数民族的歌舞大放光芒，广受汉族人民的喜爱，对汉族人民的文化生活以深刻的影响。

在经济生活中，各民族更是互相学习、互相补充、互助合作，共同发展。人类社会的进化经历了漫长的

从小会唱歌的壮族女孩

傣寨风情

岁月。可以想象，在人类社会的初期，大地上到处是荆棘、野草，野兽出没，江河四溢，人类的生存环境十分艰难，生产力水平十分低下，社会每前进一步都要付出巨大的代价。这需要群体的合作精神，需要各民族的共同劳动。于是中华民族以智慧和汗水，也以合作精神，开出了一片片田地，培育了一个个物种，驯化了许许多多野兽、野禽，兴建了大大小小的工程、建筑，造就了锦绣中华。

五谷和六畜由各民族共同培养，便是一个典型的例子。中国民间春节张贴的对联中，往往有"五谷丰登"、"六畜兴旺"这两条联语。那么"五谷"是哪些东西？"六畜"又指的是什么？它们都是哪个民族最早引种和驯化的？历史告诉我们，是多民族众手种五谷、众心驯养六畜。

稷(粟)、黍、稻、麦、菽(豆)习惯上被称做五谷，是中国栽培作物的代表，也是传统农业生产的核心。这些粮食作物的引种和改良，今天成为人们的盘中餐，是各族人民长期努力、辛勤培育的结果。

黍、稷是黄河流域华夏族(即汉族)首先种植的。

水稻的种植却是今天壮族等民族的先民——南方百越民族的发明。中国古代越族种稻不但在国内最早，在世界上也属先行者，考古工作者已在浙江河姆渡遗址发现了 7000 年以前的稻谷。

大豆的种植是东北民族祖先的功劳。中国是世界公认的大豆栽培的起源地，居住在东北地区的古代民族则是中国最早的大豆栽培者。豆类作物除大豆外，还有蚕豆、豌豆、回鹘豆等，统称为"胡豆"。过去，一

德昂族采茶姑娘

些书上常把一些少数民族称作"胡"，把少数民族地区称做"胡地"，所以，一听名字，就可以判定是从少数民族地区引种到中原的。其他冠以"胡"字的作物，如胡萝卜、胡椒、胡麻等，也都来自少数民族地区。

麦子则是居住在西域(新疆)的民族最早引种的。

除了五谷以外，还有许多重要的植物也是少数民族首先引种或培育的。茶是当今世界的三大饮料之一，中国是茶树的原产地，茶叶的栽培和利用是中国对世界文明所作出的一大贡献。首先种植和利用茶叶的是南方少数民族。云南西双版纳、墨江等地的哈尼族山区，盛产普洱茶。普洱茶被誉为"绿色的金子"，名扬四海。

油菜是西北少数民族首先种植后传入内地的一种重要油料作物，现在全国各地都有种植，一到春天，油菜花开，金光耀眼。

荔枝、龙眼、柑橘、杨梅、枇杷、橄榄、椰子、槟榔都是南方少数民族首先利用和栽培的；西瓜、哈密瓜在中国西北地区首先种植；葡萄、核桃、石榴经西域引种到中原。这些农作物的引种和培育极大地丰富了中华民族的物质生活。

在家畜中最有代表性的是马、牛、羊、猪、狗、鸡，合称"六畜"。

猪、牛和鸡是由南方民族最早驯化和饲养的，它们在南方民族的生活中有至关重要的意义，今天仍然是他们肉食的主要来源。

狗和羊是由西部的民族最早驯化和养殖的，许多民族在历史上是靠着羊生存和发展的。

云南罗平油菜花田

　　马是最后被驯化的动物,驯养马匹是草原民族的功劳。马成了人类的朋友和工具以后,便大大地改变了牧业民族的生产和生活方式。中国古书上往往把最好的马称作天马,有一句成语叫"天马行空",天马就产在新疆的伊犁地区。

　　同居于东方,共生于中华,各民族必须友好相处,取长补短,和衷共济,才能发展自己,共同进步。这是各民族的共同意识,也是真切的历史事实。

共同爱国情怀

　　长期生活在统一的多民族国家里,各民族生死与共,命运攸关,利益一体,因而各民族形成了强烈的国家意识、爱国情怀。

　　世界历史上,曾出现过许多版图很大、甚至地跨几大洲的帝国,但最后在历史的进程中消失得无影无踪,他们的文化有的成了碎片,有的成为历史之谜。能够延续5000年的历史文化和传统,长期保持统一多民族国家基本格局的,只有中国。基本原因是,中国作为一个国家实体,始终存在着,各民族共同捍卫了国家的统一。在中国历史上,爱国主义从来就是动员和鼓舞人民团结奋斗的一面旗帜,是各族人民共同的精神支柱。在维护祖国统一和民族团结、抵御外来侵略和推动社会进步中,爱国主义发挥了重大作用。尽管在历史上也出现过短暂的分裂,但统一始终是中国历史的主流,各族人民心向统一,维护统一。于是国脉世代相继,文化传承不断。

　　在重要关头,各民族总是心系祖国。17世纪初,原生活在中国新疆伊犁河流域的蒙古族土尔扈特部落,在游牧中穿过哈萨克草原到达伏尔加河流域,在那里生活了150年的时光。后受到沙俄的欺凌和压迫,在困

西藏昌都来古冰川

苦之中、忧患之时，他们想起了东方的故土，想起了自己的祖国。于是17万人毅然结队东行，这是一次艰难的、惨烈的长征，他们战胜雨雪风霜，击退沙俄殖民军的围追堵截，经过半年多的跋涉，死伤惨重，伤亡过半，终于在1771年回到祖国。他们受到清王朝的热烈欢迎，并被安置在新疆水草丰美的地方，这一支蒙古人今日仍安定地生活在天山南北。

民族处于危亡之时，在国家遭受侵略之时，为了捍卫国家统一，捍卫中华民族的最高利益，各民族同外国侵略者进行了英勇无畏的斗争。外国侵略者对中国的挑衅与侵犯总是首先发生在边境地区。边境线一带居住的主要是少数民族，于是他们便处在了抗敌的前哨。他们一代又一代以自己的忠诚和热血守护国门，抵御外敌。

在沿海抗击倭寇。在明代，日本的大批海盗商人经常在中国沿海地区进行骚扰，杀人、抢劫、放火，侵害百姓，历史上称之为"倭寇"。明朝委任戚继光为将领，进行抗倭。在抗倭斗争中，汉族和少数民族都曾立下功勋。广西和湖南土司统帅的土家、苗等民族的武装，曾建立赫赫战功。在浙江进行的多次战役中，土家、苗族士兵多次大败倭寇，被誉为"东南战功第一"。

在东北、西北抗击沙俄。17世纪，沙俄侵略军向中国黑龙江地区进犯，并在黑龙江北岸的雅克萨筑起城堡，企图永远霸占这块本来属于中国的土地。东北各族人民奋起反抗，配合政府军队，经过两次战斗，取得雅克萨之战的胜利，迫使沙俄签订了《尼布楚条约》。这是旧中国对外国签订的少有的平等条约之一，以法律形式明确了中俄东部边界。

1865年，趁着中国新疆南部地区发生民族分裂活动的机会，中亚浩汗国的阿古柏入侵中国，在两年半的时间内，以武力占领了新疆塔里木盆地周围几乎所有的绿洲，在天山以南建立起自己的统治，并自封为王，成为中国的国中之国。1876年，清廷派军队开赴新疆，反击外国侵略者。新疆各族

台湾阿美姑娘

人民热情支持清军，传送消息、充当向导、运送粮食和武器，并派子弟直接投入战斗。由于各族人民的支持，清军彻底打败了分裂祖国的民族败类，驱逐了沙俄侵略者。1884年，清廷建立新疆行省，西域从此改名为新疆，这就是新疆名称的来历。新疆的意思是"故土新归"——这块原本属于中国的土地又回来了。

在东南、西南抗击英国入侵者。1840年和1856年，英帝国主义两次发动了对中国的鸦片战争，激起中

可可西里自然保护区

东乡族斗羊比赛

国人民的强烈反抗，各族人民纷纷投身于反侵略的斗争行列。第一次鸦片战争期间，江苏巡抚裕谦(蒙古族)在浙江镇海保卫战中，亲临前线指挥，以身殉国；副都统海龄(满族)率军与侵略者巷战而光荣牺牲。第二次鸦片战争时，蒙古族人民踊跃捐献马匹、银两支援前方，并迅速组织骑兵参战，在大沽口战役中获得重大胜利。

19世纪末和20世纪初，英帝国主义还把侵略魔爪伸向西藏，先后两次发动侵略西藏地方的战争，妄图把西藏从中国的领土中肢解出去。西藏人民在极端困难的条件下，给了英国侵略军以沉重的打击。在江孜保卫战中，藏族军民浴血奋战，英勇杀敌，写下光辉篇章。

1874年，英帝国主义侵略云南陇川等地，当时的景颇、傣、阿昌等民族的人民和一些土司、山官、头人自发组织起来，开展抗英斗争，把武装的英国"远征队"打得狼狈不堪，使之窜回缅甸。

在南部抵抗法国侵略者。1883年，法国占领越南后，侵略扩张之心不死，又向中国发动进攻。中国军队英勇抵抗，各族人民纷纷参战，于1885年3月，在中越边境取得镇南关大捷，狠狠打击了法国侵略军。正当各族子弟兵在镇南关抵抗法军的时候，春节到了，但战斗正在紧张地进行，无法欢庆传统佳节。当他们凯旋时，春节已过，于

畲族姑娘

阿昌族少女

是当地壮族群众杀鸡宰羊，给战场归来的子弟兵重新过年，由此演变成为壮族一个固定的节日——"吃立节"。"吃立"在壮语中是"欢庆"的意思。

在祖国宝岛台湾反击来敌。在台湾，少数民族和汉族人民多次进行了反对外国侵略者的进犯与占领，维护祖国统一的斗争。16世纪以来，台湾人民先后抗击倭寇侵略，反对荷兰与西班牙的殖民统治，为驱逐荷兰占领者进行了长达38年的战斗。1662年，郑成功收复台湾时，少数民族人民奋起响应，打击荷兰侵略者，支援郑成功的军队，使台湾回到祖国的怀抱。1895年台湾被日本占领后，各族人民又英勇地抗击日寇，700多高山族勇士在保卫曾文溪的战斗中，洒尽鲜血，英勇牺牲。

历史上也曾发生过少数人进行的分裂事件，但因违背历史潮流，违背大多数人的意志而归于失败。

中国进入近代以后，由于外敌的入侵和封建制度的腐败，各族人民处于水深火热之中。要使国家富强、民族昌盛，就必须进行社会变革，将积贫积弱的旧中国，变成独立、民主、富强的新中国。中国各族人民为此进行了艰苦卓绝的斗争。

在中国共产党的领导下，中国各民族人民团结合作，共同奋斗，驱逐了帝国主义势力，包括打败了日本侵略者，最终建立了新中国。各民族共同创造了中华民族历史的新篇章。《中华人民共和国宪法》庄严地记载着："中华人民共和国是全国各族人民共同缔造的统一的多民族国家。"

在新的世纪，中华民族以昂扬的姿态迈开大步，走向新的历史里程。正同心协力，不懈奋斗，去实现中华民族的伟大复兴。

中国民族理论政策提要

　　民族是在一定的历史发展阶段形成的稳定的人们共同体。一般来说，民族在历史渊源、生产方式、语言、文化、风俗习惯以及心理认同等方面具有共同的特征。

　　有了民族，也就有了民族问题，也就需要有关于民族问题的理论和处理民族问题的政策。

东方中华

DONGFANG

中央民族工作会议暨国务院第四次全国民族团结进步表彰大会

ZHONGHUA

一、中国民族理论的基本观点

构成民族的主要特征

民族是在一定的历史发展阶段形成的稳定的人们共同体。一般来说，民族在历史渊源、生产方式、语言、文化、风俗习惯以及心理认同等方面具有共同的特征。

共同历史渊源。主要是指民族有着共同的源头，包括地域渊源、族体渊源、文化渊源等。地域渊源也可以叫共同地域，是指组成一个民族的人们共同居住生活的地理区域。它是民族的生产、生活、繁衍的空间场所。共同地域是形成民族的物质条件之一，它对民族的生产方式、语言、文化、风习等特征有重要影响。族体渊源也就是共同族源，是指组成一个民族的人们共同具有相同的氏族、部落等渊源关系。共同的族源是民族深刻的历史记忆，是民族内聚力、凝聚力的关键因素之一。

共同生产方式。主要是指组成一个民族的人们在经济活动方面的共性和联系，包括物质资料的生产方式、交换和消费过程中的组织形式和行为方式，以及分配方式等方面的共同特征。经济生活、经济上的联系是民族形成的重要纽带，也是共同语言、共同文化、共同心理形成的基础和物质条件，是民族形成的强大动力。许多不同部落由于物质关系和物质利益的需要，因而发生交往，日积月累，共性形成，进而结为一体，成为民族。

共同语言。是指组成一个民族的人们在生产、生活中，彼此交流思想感情、交往联系时共同使用的语言。它是民族稳定的、表露于外的最明显的特征，是民族统一性和继承性的最重要的标志之一。它在民族形成、存在和发展中起着重要的作用。它对民族强迫同化具有非常强大的抗拒力。民族共同语言在使用、发展中，随着民族交往的加强，因着交往的需要，彼此吸收、借用词汇等现象逐渐增多，并且这

云南元阳哈尼族梯田

巍巍昆仑山

是历史上的普遍现象。

  共同文化。主要是指组成一个民族的人们在长期的社会实践中创造和发展起来的、在内容和形式上具有自己特点的文化，即物质财富和精神财富的总和。这里所说的文化特指文学、艺术、教育、科技等精神形态的文化。民族文化是民族生存的自然环境、物质条件、心理情感等的综合反映和积淀、升华。民族文化是把一个民族的人们联系在一起的精神纽带，也是一个民族发展进步的内在动力。民族文化在传承与变化中不断发展。

  共同风俗习惯。主要是指组成一个民族的人们在物质生活和精神生活方面广泛流行的风尚、习俗、惯例，是在普遍流行的价值观念支配下，在生产生活领域里，长期传承的行为心理和行为方式。具体表现在衣、食、住、行、婚姻、丧葬、节庆、娱乐、礼仪等物质生活和文化生活等方面。民族风俗习惯具有群众性、地域性和相对稳定性的特点，是显露于外、易于感知的民族特征之一，是民族相互认同或相互区别的重要标志。

  共同心理认同。是指组成一个民族的人们的相同的心理特质。主要表现为对同一民族的自觉的认同感、归属感，包括民族成员对民族整体的认同心理和民族成员之间的彼此认同心理。共同的民族心理认同是一个民族的社会经济、生活方式、历史发展以及地理环境特点在该民族精神面貌上的反映，与民族性格、民族情感紧密联系。它与民族的其他特征密切相关并相互作用，一起构成民族的综合特征。

  民族是以上六个要素或特征的总和。在中国，由于历史的、现实的和民族自身形成发展中的原因，这些

甘肃社火铁蕊子表演

特征在每个民族中的表现程度是不同的，这也只是民族一般的特征，并非要求所有人们共同体必须同时完整地具备这些条件才能成为民族。

在中国，凡具有构成一个民族若干特征的人们共同体，经识别或确认后成为一个民族单元。

有的民族在形成和发展的过程中，宗教起着重要作用。宗教是人类社会发展到一定阶段产生的一种社会意识、一种观念形态，是人们面对自然、社会与人生时的自我意识或自我感觉。宗教属于思想意识范畴。民族与宗教是两种不同的社会现象、两个不同的概念，但二者密切相关。

宗教在有些民族的形成中起了重要作用。如，中国的回族是信仰伊斯兰教的波斯人、阿拉伯人等到中国以后，与当地民族的长期交往、融合中形成为一个民族的，在这一过程中宗教起了重要的作用。

宗教是某些民族重要的特点之一。在一些民族或国家里，宗教与社会生活的许多方面相联系，并对社会生活产生很大的影响，最终也对信奉宗教的民族的发展产生着影响。

有些民族在长期信奉某种宗教的过程中，宗教的节庆、礼仪、禁忌逐渐演变成了民族的节庆、礼仪、禁忌等风俗习惯。因此，在一些民族中，一些宗教节庆同时又是民族节庆，宗教感情和民族感情相互交融。在有些民族的发展中，文化活动大量蕴含在宗教生活中，民族文化及其变迁记录在宗教典籍之中，因而宗教文化成为该民族文化中的重要组成部分，文化对一个民族的发展会产生很大影响这是不言而喻的。从这些现象中，我们也可以看到宗教对许多民族的影响。

民族发展的若干规律

民族有自身的发展规律。民族的产生、发展和消亡是一个漫长的历史过程。在人类社会发展的进程中，民族的消亡比阶级、国家的消亡还要久远。

民族形成的基本条件。民族不是自有人类以来就有的，而是在社会发展到一定历史阶段才形成的，是人类社会的生产力和社会结构发展到一定水平的时候出现的。

在民族形成以前，人们共同体是以血缘关系为纽带的氏族、部落或部落联盟。随着生产力的发展和需要，人们的交往，尤其是经济方面的交往增加，使人们的活动范围超出原有的地域和部落，于是在较大范围的人群中，产生了相同的语言、经济生活、风习、心理等，于是不知不觉地一起迈进了民族的门槛。

另一方面，生产力的发展，私有财产的出现，导致了对财产的追求、争夺和控制，由此产生了战争。战争的结果之一是使原本由部落、地域分隔的人们连为一体，在一个共同的区域里共同生存、共同发展。这也为民族的形成创造了条件。

社会生产的发展及其带来的结果，促进了民族的形成。社会生产力的发展、私有制的出现、产品交换的发展，是民族形成的内在条件；战争与冲突(许多时候也是经济原因引起的)等是民族形成的外在条件。

民族是在原始社会末期、人类社会进入阶级社会时形成的。

民族形成的一般规律。从部落发展到民族，这是民族发展的一般规律。部落的发展则经过了从血缘部落到地域部落的过程。

从部落发展到民族，一般经过了部落联盟阶段。部落联盟是与民族最相近似的东西，它的建立同时意味着氏族部落组织开始崩溃。原始社会发展到部落联盟阶段，跨出了摧毁氏族制度的第一步，也跨出了形成民族的第一步。正是在此基础上，不同地域的各种部落和部落联盟逐步发展成大小不等、特征各异的民族。

民族形成的特殊规律。在民族形成后的发展过程中，由于民族的分化、同化、组合而形成新的民族，这类民族也可称作次生形态民族。次生形态民族的形成规律属于民族形成的特殊规律。次生形态这类民族的形成过程表现为"同源异流"、"异源同流"等具体形式。

在中国民族的社会发展过程中，发生过无数次的民族分化、同化、组合。有的民族源头相同，但在漫长的历史演进中，最后发展成不同的民族，如一般认为苗、瑶、畲等民族的形成是"同源异流"的结果。有的民族则是在历史的某一个时刻，从某些民族中分脱出来，融合其他民族因素，发展成为一个新的民族，如回族的形成就属这种情况。

民族的发展和消亡。民族的发展受社会发展规律的制约，社会的发展决定民族的发展。民族从产生、发展到消亡的一般过程，是与人类社会发展过程大致相对应的。总的来说，民族的发展是在社

甘肃敦煌鸣沙山

会总体发展的牵动和制约下进行着的，一个民族的发展不可能超越社会总体发展的水平和限度。

民族是一个历史范畴，有它自身的产生、发展和消亡的规律。在民族发展的长河中，伴随着民族分化、组合、同化的过程，民族融合因素也不断出现和积累，并且经过量变到质变，民族将彼此融合，当所有民族在经过充分发展而融为一体的时候，意味着民族的自行消亡。

民族消亡是民族自我发展、自我完善历史过程的必然结果，也是在全世界范围内实现的民族世界性过程，是民族发展到最高阶段的最终结果。民族消亡是一个漫长的过程，只会出现在遥远的将来，只有在阶级消亡、国家消亡之后才能实现。

社会生产力的高度发展是民族消亡的基础。民族消亡这一自然历史过程的根本动因在于生产力的发展，在于经济基础这一物质力量，是各民族的高度发达导致差异消失，民族差异消失导致民族消亡。民族的消亡是民族特点的消亡，而不是构成民族的人类的生命消亡。正如民族的产生和发展是由生产力状况所决定的一样，民族消亡也离不开生产力高度发展这一因素。

当代中国的民族现象

民族有着顽强的生命力，她存在于人类社会发展的漫长进程中，也存在于社会主义时期。中国现阶段是各民族共同繁荣发展的时期，各民族间的共同因素在不断增多，但民族特点、民族差异和各民族在经济文化发展上的差距将长期存在。

各民族共同因素增多。随着中国经济社会的不断发展以及科技的进步，各民族间的交往联系越来越多，各民族间的相互影响也越来越多，于是共同因素也就越来越多。

青海玉树隆保湿地

从经济方面而言，各民族获得了巨大的进步。一些原来经济社会发展相对落后的民族，由于民族发展内在动力的作用，并且有较好的外部条件，在较短时间内超越一个或几个社会发展阶段而获得了跨越式的发展，进入了与其他民族相近的发展阶段，民族间的差别缩小。

从政治方面而言，新中国实现了民族平等。各民族人民以国家主人的身份，共同管理国家、社会和本民族内部事务，共同享受和承担着宪法和法律赋予的平等权利和义务。各民族政治上的平等和根本利益的一致以及经济上的发展，使中国各民族间形成了平等、团结、互助、和谐的新型民族关系。这些也是各民族共性增多的表现。

在文化上，各民族的交流方便而密切。在这种交流中，各民族自身文化的发展获得了强劲动力，同时也极大地方便和促进了各民族文化的交互影响，互相借鉴，从而使各民族文化共性增多。

在当代，各民族的社会交往获得了前所未有的条件。广泛深入的经济交流、文化交往、人口流动，使各民族彼此了解、

四川甘孜藏区风光

相互合作，这些给各民族的发展以深刻的影响。各民族前所未有地相互影响、相互吸收，在活跃而多彩的社会生活中，共同性因素逐渐增多。

在思想观念方面，实现国家富强、民族振兴是各民族的共同利益。建设中国特色社会主义、实现中华民族的伟大复兴成为中国各族人民的共同理想和共同追求，这对各民族的思想意识和共同心理有着积极的影响。

各民族共同因素增多的原因。社会主义时期各民族共同因素增多的原因是多方面的。既有历史因素，也有现实因素；既有制度性因素，还有体制性因素。

中国统一的多民族国家的长期存在和发展，历史上各民族之间的交流与交融，是各民族共同性因素不断积累、日渐增多的历史基础。

中国社会制度所确立的"各民族共同团结奋斗，共同繁荣发展"的目标，以及为此采取的政策法律措施，是各民族共同因素形成和增强的社会原因。

社会主义市场经济体制的确立和运行，使各民族在各个领域的交往日益频繁，经济关系更加紧密，相互

了解和互助合作空前增多，为共同因素的增长提供了良好机遇和强大动力。

博大精深的中华文化和在意识形态领域占主导地位的社会主义文化，是各民族共同因素增多的精神条件和文化因素。

各民族共同因素的增长在中国是一个历史的趋势，这有利于社会主义民族关系的巩固和发展，有利于各民族的发展进步和共同繁荣。

民族特点、发展差距长期存在。在当代中国，各民族间的共同因素在不断增多，但另一方面又必须看到，民族特点、民族差异和各民族在经济文化发展上的差距，将长期存在。

民族差异和特点长期存在，是由民族实体长期存在的客观事实决定的。民族是人类社会的一种历史现象，也是一种普遍现象，但具体到某一个民族的形成和特点，又是历史演进中的一种特殊现象。各民族在历史发展过程中，具有各自的特点，一个民族的特点也就是相对于他民族的差异。民族将长期存在，意味着民族差异也将长期存在。

民族差异和特点长期存在，也是由民族发展的客观规律所决定的。在事物的发展过程中，发展不平衡是一种普遍现象。民族作为在一定的历史发展阶段形成的稳定的人们共同体，其发展规律也是如此。由于发展

新疆风蚀地貌

起点不同以及历史、地理、文化等方面的不同，各民族的发展过程、速度不尽相同，这也会导致不同民族有不同民族特点存在、民族差异产生。

从实际情况看，少数民族和民族地区的自然环境是民族发展差距将长期存在的客观条件。中国少数民族人口发展不平衡，大都居住在自然条件比较恶劣的地区，如青藏高原地区、西北的荒漠干旱地区、西南的熔岩地区。地理环境对经济社会的发展有着重大的影响，也对民族特点和差距的形成、保持、变化有着重要的影响。

沙漠驼铃

在经济生活中，由于历史和地域等方面的因素，不同民族存在很大差异，表现在产业结构、生产方式、生产力水平等许多方面，这种差异在新中国成立时表现得非常明显。直到今天，尽管有了很大的发展变化，但特点和差异依然存在，如从事牧业的民族多为少数民族，生产力水平较低的地区也主要是民族地区。经济发展的差距，是民族之间差距的表现，也是民族间其他差距的重要原因。

不同民族有不同的风俗习惯，具有不同的心理素质，有不同的宗教信仰。这些对民族的物质和精神生活都会有一定的影响，也会对民族差异及其长期存在产生影响。

各民族共同繁荣发展。在中国，可以真切地看到并承认民族间差异和发展差距的存在，但并不人为地扩大民族间的差异，也不人为地抹煞这种差异；对民族间发展中的差距，则致力加以缩小，努力使各民族都得到相对均衡的发展。实现各民族共同繁荣发展，是中国在民族问题上的根本立场，是解决民族问题的最高目标。

各民族共同繁荣发展，就是各民族的经济和社会各项事业都不断得到发展，各民族的物质文化生活水平不断丰富，各民族自身素质普遍得到提高，并且各民族的特点和优点都得到充分的展现，共同建设民主、富裕、文明、和谐的现代化社会，共同享受现代化建设所取得的成果。

民族问题的基本内涵

民族问题既包括民族自身的发展，又包括民族之间，民族与阶级、民族与国家之间等方面的关系。在当今世界，民族问题具有普遍性、长期性、复杂性、国际性和重要性的特点。

民族自身的发展与民族问题的联系。民族自身的发展决定民族的特征。物质资料的生产是人类社会存在和发展的基础。打开人类历史，上面写满了民族的兴衰进退与荣辱，其中起支配作用的，是人类的生产活动，并贯穿于人类社会走过的整个路程，连绵不断。它是人类历史发展的主线，是社会前进的动力，也是民族发

幸福的东乡人家

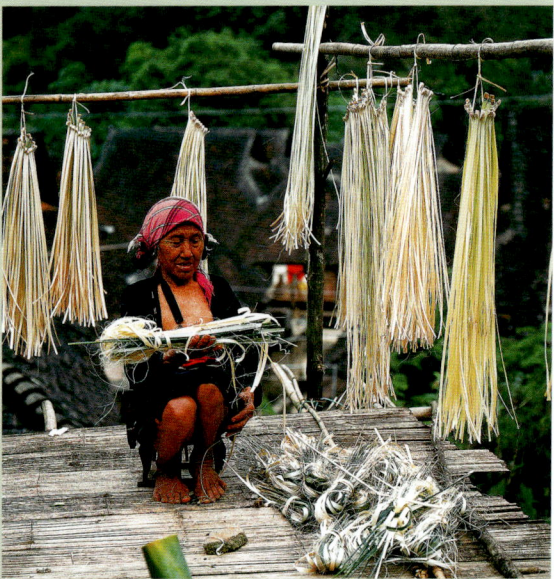

云南西双版纳哈尼族传统的竹篾工艺

展的内在动力，并决定着民族的特征。民族的特点、特征与民族问题有着内在联系，这样民族发展也就和民族问题有了联系。

　　一个民族不会孤立地存在和发展，总是要与其他民族发生联系，有了这种联系也就有了民族关系。一个民族发展的状况决定其与其他民族交往的内容、形式和地位。换言之，民族关系的状态在一定情况下是由相关民族的发展状态决定的。在古代社会，民族间不同的生产结构会导致彼此的商贸合作关系，不同民族的强弱在一定条件下可能演变成冲突乃至征服。在现代社会，民族之间的合作或冲突受多种社会条件的制约，但民族的发展状况对民族关系的影响是客观而深刻的。

　　中国现阶段的民族问题主要源自民族间的差异和发展差距，表现为各民族要求加快发展经济文化事业。也就是说，各民族的发展问题在中国现阶段的民族问题中处于十分重要的地位，是处理民族关系中必须优先考虑的问题。

　　民族之间的关系与民族问题。历史与现实都表明，民族问题在许多情况下表现为民族之间的关系问题。民族关系一般来说是民族之间的互动，是各民族在社会生活中各方面的交往与联系。

　　民族是有着经济、政治、文化属性的群体。在具体情况下，民族可以表现为一种经济共同体，也可以表现为一种政治共同体，还可以表现为一种文化共同体。经济、政治、文化权益是民族生存的基本条件和基本追求，也成为民族间关系的基本范畴。每个民族为了维护自己的权利与利益，为了自己的发展和进步，既要调整好内部的关系，又要在与不同民族的相互关系中采取相应的行为，作出必要的选择。

　　经济层面的民族关系表现在物质资料的生产、分配、交换、消费过程之中，当发生联系的民族在这个过程中形成了相互依存、互助互利的关系时，民族之间的关系会呈现出和谐发展的

塞上秋色

布依族妇女在漂洗蜡染

态势；当发生联系的民族之间在这一过程中形成利益不等、损益失衡的关系时，民族之间就可能产生摩擦，导致民族矛盾的发生。

政治层面的民族关系主要表现为民族间的政治权利、政治利益、政治诉求，政治地位的平等是民族间政治关系的决定性因素，有平等便有了良好的民族关系的基础。政治关系是在经济关系的基础上形成，并随着各民族经济的发展而发展。民族间的政治关系作为一种具体的政治现象，并不是单纯的民族之间的联系，它往往与国家的政权性质、政治制度等交织在一起。

文化层面的民族关系是在民族间文化的交往联系中发生的。各民族具有鲜明的民族性和地域性的文化，构成了民族文化关系的背景和现实基础。民族文化和民族特征、民族感情紧密相连，也和民族的文化利益相连。不同文化的互相学习和发展有利于民族关系，文化的冲突则会导致民族关系的冲突。

民族与阶级的关系及其同民族问题的联系。在阶级社会里，民族是由不同的阶级组成的。由于民族与阶级几乎形成于同一个历史时期，因而任何一个民族在其产生以后相当长的时间内都包含着不同的阶级。

在阶级社会里，民族都是有阶级的民族。民族内部划分为不同阶级，而且阶级的划分比民族的划分更为深刻，会对民族的内部关系和对外关系以广泛的影响。在阶级社会里，各个民族的统治阶级在很大程度上决定着不同民族之间的关系。换言之，是统治阶级的意志与利益在很多时候决定着民族之间的关系。

民族压迫是阶级压迫和剥削制度造成的。民族压迫是阶级社会里民族问题的主要表现形式。民族内部的阶级对立一消失，民族之间的敌对关系就会随之消灭。

当然，民族和阶级是两种不同的社会现象、两个不同的概念。民族是在人类历史的一定阶段上出现的稳定的人们共同体；阶级则是在一定社会生产关系中，对生产资料的关系和所处的地位不同，在社会劳动组织中所起的作用不同，因而领得自己所支配的社会财富的方式和多寡不同的社会集团。

民族问题与阶级问题所发生的基本原因不同。民族问题的产生主要是基于民族差别，这种差别存在于民族的历史与现状、经济与文化等许多方面；而阶级问题的产生则主要基于经济原因，是经济地位的不同导致了阶级差别及其矛盾。

民族与国家的关系及其同民族问题的联系。民族与国家都是从原始社会部落发展而来的。在民族形成中，国家起了型铸民族的作用；在国家产生时，民族成了有一定共同特征的国民。

国家和民族产生之后，相互作用，关系密切。国家成为民族赖以生存和发展的重要政治载体。民族的命运与国家的命运息息相关，国家强则民族兴，国家弱则民族衰。

国家对民族的生存发展有着至关重要的作用。国家为民族发展提供良好的国内环境，主要包括：国家通过宪法、法律以及各级政府的活动，营造有利于各民族生存发展的政治环境；协调民族关系，促进各民族的平等合作、团结互助，创造有利于各民族生存发展的社会环境；通过必要的政策措施为各民族的经济社会发展提供机会和保障。国家还能够调整民族发展的内部机制，使民族内部结构的合理、优化，民族内部结构合理优化，则会对民族的发展产生很大的助推力。国家还能提供有利于民族发展的良好国际环境。

每一个国家的人口在一定的社会发展阶段都属于一定的民族，民族的成员同时也是国家的国民。因此，民族对于国家来说，是国家生存与发展的基础。尤其是在近现代，多民族国家中的民族及其相互关系，是决定国家政治制度和结构形式、政治稳定程度、国家治乱的重要因素。

正因为国家与民族的关系至为密切，所以在许多时候，民族与民族之间的关系，表现为民族与国家的关系。特别是国家在制定民族政策、调

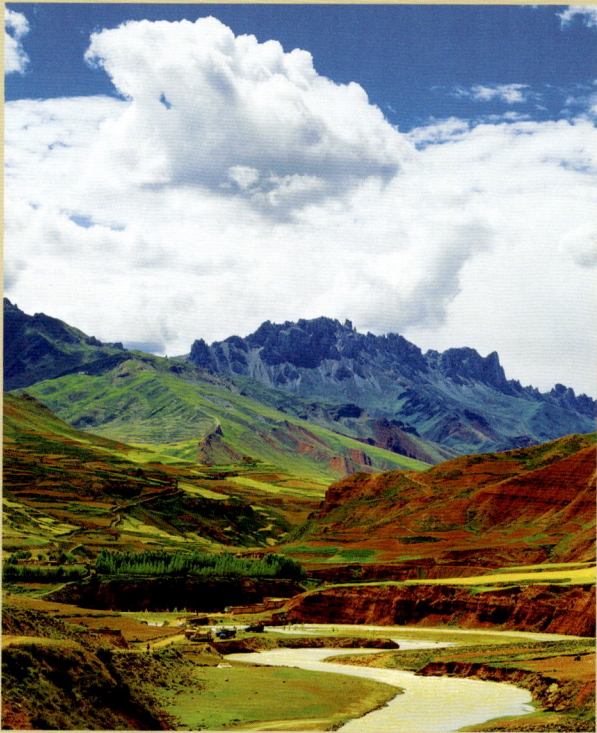

喜马拉雅山风光

控民族关系时，处于主导的地位，因而民族问题会表现为民族与国家的关系问题。在国家结构形式的选择和在国家的治理过程中，各个国家都不能不考虑到民族因素。

民族问题产生的根源。民族差异是民族问题产生的基本原因。民族差异主要是指民族之间特征、特点的不同。民族之间在交往联系中，由于各个民族在其特征、特点等自然属性上的区别而呈现出民族之间的差别。这种差别，在一定条件下会导致民族之间的矛盾。比如经济发展水平不同的民族，其经济发展的模式、物质利益的要求是不同的，这在一定条件下会导致矛盾与冲突。

如果说民族差异是民族问题产生的自然原因，国家和社会的行为失当，特别是处理民族关系的行为失当则是民族问题产生的社会根源。国家政权是最为直接和最为有力的社会组织、管理与调控系统，它的运行直接影响着各民族的生存与发展，以及社会利益的多寡与得失，由此直接影响着各民族关系的格局。所以，国家政权与社会制度的性质成为民族问题的重要根源，并且社会制度与国家政权的性质不同，由此引起的民族问题的内容与形式也存在区别。最显而易见的是，国家制定的公平的、符合实际的民族政策有利于消弭民族争端，促进民族间的平等、合作与发展。反之，不好的民族政策(如民族歧视)则会制造或加重民族间的冲突。

民族问题的特性。民族问题错综复杂，其特性在不同的历史时期和社会条件下各不相同。考察古今，一般来说，民族问题具有五个方面的基本特性：

一是普遍性。人类社会形成以后，任何社会都存在一定的民族问题，民族问题普遍存在于人类文明社会。

民族问题不是单纯的社会某个方面的问题，而是普遍地存在于社会生活的各个方面。这是因为民族之间的关系及于社会生活的各个层面，民族问题本身依附于社会问题，是社会总问题的一部分。

绝大多数情况下，民族问题不是个别社会成员之间的关系，而是社会群体之间的关系。会波及众多民族成员的社会生活，牵涉到民族成员的共同利益，因而会成为一时一地的带有普遍性的问题。

二是长期性。民族作为一种社会现象，会长期地存在于人类社会的历史进程之中，而只要有民族存在，民族问题必然存在，民族问题的解决是一个相当长期的过程。

民族问题对民族和社会的影响是长期的。历史表明，一些民族问题发生后，它会对相关民族的生活产生深远的影响，并且会成为一种历史的沉淀，有时会一代一代地接续而成为未来民族问题发生的历史背景。

三是复杂性。因为民族问题与社会总问题紧紧联系在一起，因而社会问题的复杂性决定了并直接影响了民族问题的复杂性。随着社会的发展，民族问题也不断地发生变化，成为不断变化着的复杂性。民族问题反过来也对社会的发展产生直接的影响。民族问题往往表现为政治问题与经济问题交织在一起，历史问题与现实问题交织在一起，民族问题与宗教问题交织在一起，国际问题与国内问题交织在一起。这些复杂矛盾的交织，往往使得民族问题更加错综复杂。

阿坝九寨沟

云南风光

民族问题的影响不仅表现在物质层面，还会表现在精神文化层面。物质的东西易于销毁、重建，但精神文化层面的东西很难消弭于无形，甚至有时实际存在也不易觉察，但在适当的条件下都可能成为冲突的缘由。

四是国际性。 一国的民族问题会引起其他国家和国际社会的反应。民族问题的国际性，直接同民族的跨国分布相关，现在世界上共约3000个民族分布在200多个国家和地区。一个国家发生的民族问题，往往引起另一个国家的同一民族的关注，并会作出种种的反应。这种反应基于民族利益，也基于民族感情。

经济全球化导致了国际社会频繁和便捷的联动，一个国家的民族问题，不仅会对其自身的经济发展和社会稳定产生影响，而且还会波及和影响到周边国家、相关地区乃至整个地球。当代世界的许多民族宗教问题成为世界的热点问题，为国际社会所关注，并对国际关系产生着复杂的影响。因此随之而来的是国际关注和国际干预。

民族问题的国际性还表现在国际社会对少数民族人权保护方面。少数民族问题往往被放在人权的议题下讨论，从而产生了国际社会中的少数民族人权保护问题。这样，许多本属一个国家内部的民族问题也就相应地兼具了国际性。

五是重要性。 民族问题对国家乃至人类社会的过去、现在和未来，都具有重大的影响。纵观人类社会发展史，民族问题对世界格局和人类文明进程产生了重大而深刻的影响。

对国家而言，民族问题关系到国家的和平或动乱，统一或分裂。对社会而言，它关系到社会的安定或动荡，前进或倒退。对民族而言，它会关系到民族的发展或衰落，兴旺或败亡。这已为许多事实所验证。民族问题的重要性已越来越为世人所认识、所重视。

民族问题的解决途径

民族问题是社会总问题的一部分，民族问题的解决有赖于社会总问题的解决。在中国，中国特色社会主义道路是解决中国民族问题的根本道路。中国的民族问题，只有在建设中国特色社会主义、实现中华民族伟大复兴的共同事业中才能逐步解决。

社会主义的本质和根本任务与民族问题的解决。在中国，民族问题的解决与社会主义道路相联系，因为社会主义的本质与民族问题的解决有着内在的联系。

"解放生产力，发展生产力"，这是中国社会主义的本质要求，也是社会主义社会存在和发展的基础和前提。中国解决民族问题的最高目标是实现各民族共同繁荣，现阶段的任务是满足各族人民希望加快发展经济、文化的要求，缩小民族间的发展差距。无论是长远目标的实现还是现阶段任务的完成，其必要条件都要求解放生产力，发展生产力。

"消灭剥削，消除两极分化"，这是社会主义的一项重要原则。社会主义解决民族问题的原则之一是民族平等，包括各民族政治、经济、文化及社会生活中的平等。在民族平等中，经济地位的平等具有决定性的意义，经济地位的平等要求各民族拥有平等的生存权、发展权，消灭民族对民族的剥削、消除民族间的两极分化。所以，民族平等与社会主义的本质一脉相连。

"最终达到共同富裕"，这是社会主义追求的崇高目标。社会主义时期处理民族问题的根本立场和崇高目标是各民族共同繁荣，这与最终达到共同富裕密切相关，因为共同繁荣包括共同富裕的要求。

中华民族复兴与民族问题的解决。中华民族曾有无比辉煌的历史，但在近代衰落了。"中华民族的伟大复兴"是中国近代以来各民族一直梦寐以求的神圣目标，也是凝聚了深厚民族感情的庄严口号。中华复兴代表了各民族的共同意志，关系到各民族的根本利益，关系到各民族的发展与未来。

台湾排湾服饰

中华民族的伟大复兴，不是简单地回复到中华民族曾经有过的古代的辉煌，而是包含着丰富而崭新的时代内容。其基本内容包括：通过中国各族人民的共同奋斗，通过和平发展的方式，使中华民族的经济、政治、文化等各个方面全面发展，中华民族的素质全面提高，在世界民族之林中享有应有的地位，并为世界的和平与发展、文明与进步作出自己应有的贡献。

中华复兴是相对于中华古代文明的繁荣昌盛而言的，是相对于近代中华民族文明衰落与民族危亡而言的，也是针对文明发展的历史延续性而言的。民族的繁荣昌盛需要保持自己文明的历史延续性，中国灿烂的古代文明是今天实现民族复兴的重要基础。

内蒙古额尔古纳河之秋

中国民族问题的解决，也只能在中华民族伟大复兴的过程及基础上才有可能。中国各民族的发展进步是中华民族伟大复兴的重要条件。各民族发展进步与中华民族复兴相辅相成。

中华复兴以经济繁荣为基本条件和基本标志，中华复兴必然为各民族的加快发展、共同繁荣创造物质条件。各民族的发展进步，又为中华民族复兴提供坚实的经济基础。

中华复兴以民主法制、公平正义为必要条件，中华复兴必然为各民族的政治平等提供保障。各民族平等团结、互助合作，则为中华民族复兴创造良好的政治条件。

中华复兴以中华文化的繁盛为精神支撑和重要特征，中华复兴必然会促进各民族在文化上的发展创新与兴旺发达。各民族文化的保护传承与不断繁荣，则为中华民族复兴创造必要的文化条件。

中华复兴以社会和谐为要件，中华复兴会有力地促进各民族的和衷共济、团结和谐。各民族同心同德、团结奋斗，则为中华民族复兴创造良好的社会条件。

中华复兴必须以良好的生态环境、生存环境为保证，因而中华复兴必然促进民族地区生态友好、可持续发展。民族地区的科学发展、人与自然的协调发展则会为中华民族复兴提供良好的生态环境。

中华复兴需要和平发展的国际环境，中华复兴将会为各民族特别是地处边疆的各民族的发展提供良好的外部环境。民族地区的发展与稳定，则为中华民族复兴提供良好的周边环境和国际环境。

各个民族与国家利益

中国是各族人民共同缔造的统一的多民族国家。祖国统一是各族人民的最高利益，各族人民都要继承和发扬爱国主义传统，自觉维护祖国的安全、荣誉和利益。中国的民族问题是中国的内部事务。

各民族人民共同缔造了新中国。中国的历史是中华各族人民共同创造的，各个民族都对中国的历史进步、文化发展作出过自己的贡献。

近代以来，各民族人民前仆后继，英勇不屈，共同参与了波澜壮阔的反帝反封建斗争。从1840年的鸦片战争到孙中山先生领导的辛亥革命，包括了各民族地区许多次英勇的反帝斗争，各民族的无私无畏，共同奋斗，粉碎了帝国主义瓜分中国的阴谋，并在1911年推翻了清王朝，结束了中国几千年的封建君主专制统治。尔后，各族人民在中国共产党的领导下，争取民族解放和国家独立，经过艰苦卓绝的斗争，于1949年10月1日建立了中华人民共和国，揭开了中华民族历史发展的新篇章。

国家统一是各族人民的最高利益。 维护祖国的统一，对于国家的发展强盛，对于中华民族的发展繁荣，对于各族人民的安居乐业，具有特别重要的意义。中国的、世界的历史和现实都充分说明：国家利益是各民族利益的根本所在，国家统一是各族人民的最高利益。

国家统一是各族人民共同生存的基础。统一的强大的国家为各民族提供安全生存的条件，不断发展的条件。对外有能力抗击侵略和颠覆，捍卫国家主权；对内有能力抗击灾祸和动荡，保护各民族人民的安宁。没有国家的统一，各族人民也就没有生存发展的基础，没有幸福安定的前提。

国家统一是各民族共同发展的可靠保障。在统一的多民族国家，不同民族的共同发展都以国家统一为前提条件。无论是经济的发展，还是社会的发展，只有在国家统一的状态下，才能集中精力，广集财力，调动民力，规划蓝图，不断推进，从而使各民族的发展获得良好的发展条件和保障条件。

国家统一是维护各民族尊严的前提。尊严，对于人是至关重要的，对于民族同样是至关重要的。一个民族有了尊严，才能免受欺凌，自由平等地生存于世界之林，更好地发展进步。维护民族的共同尊严需要有强大的祖国，而祖国强大的前提是国家统一。

维护国家统一是中国各民族的光荣传统。 纵观历史，历经数千年的中华文明之所以能够延续下来而且愈发充满生机和活力，原因就在于中华民族有着坚持维护国家统一的爱国主义民族精神。古往今来，在关键时刻，各族人民坚持国家和民族利益至上、誓死捍卫国家主权，以不畏强暴、敢于同敌人血战到底的英雄气概和牺牲精神，百折不挠，依靠自己的力量战胜侵略者、战胜苦难、振兴国家。同时，酷爱和平，坚持正义，自觉地为人类和平进步事业贡献力量。因而使国家成为一个统一的国家，成为一个不断发展的国家，一个维护和平的国家。

布朗山寨

自觉维护祖国的安全、荣誉和利益。 国家安全是一个主权国家生存和发展最基本的要求和保证，也是这个国家的民族生存和发展的必要条件。因此要求各民族公民对国家的安全承担相应的义务。这一要求包括各民族公民勇于抵抗侵略、反对一切危害国家安全的行为，忠于国家、不做任何不利于国家安全的事情。

西藏亚东帕里神湖

祖国的荣誉代表着国家的尊严和形象，与一个国家的切身利益和国际地位息息相关，也是各族人民的自信心、自尊心和自豪感的重要支撑点。为此需要各族公民身体力行，胸有国家，弘扬民族精神，树立民族自信心，增强民族自尊心和民族自豪感，捍卫国家的尊严，维护国家的良好形象。维护祖国的荣誉，还包括通过自己的不懈奋斗与追求，在各个领域努力进取，为国家赢得荣誉。

国家利益是满足国家全体人民的物质与精神需要的基础，是一个丰富的多层次的系统。维护祖国利益，对外包括维护国家主权、领土完整和独立发展的不可侵犯性，从而平等参与国际事务，同世界各国加强平等互利的经济合作关系，扩大对外交往与合作。维护国家利益，对内包括维护国家的稳定与统一，促进国家的发展与进步等多方面的内容。

民族问题是一个国家的国内事务。一个国家的民族问题，是这个国家社会问题的一部分，是一个国家的内部事务，自主地去解决本国的民族问题，体现一个国家的主权。

主权是国家固有的属性，是指国家独立自主地处理自己的内部事务、管理自己国家的权力，这是不容侵犯的、排他的权力。民族问题的性质决定了需要通过国家行使主权去应对和解决。

民族问题的普遍性，需要国家高度重视，运用主权的力量，认真加以对待，妥善处理。

民族问题的长期性，需要国家始终加以重视，运用长远的战略应对。

民族问题的复杂性，需要国家运用主权，调动各类社会资源，汇集社会的综合力量去应对和解决。

民族问题的重要性，需要国家运用主权的力量坚定地捍卫国家利益，采取有效的手段加以应对。

民族问题的国际性，需要国家在处理民族问题时，运用主权的力量，审时度势，坚定地捍卫国家主权。

主权是一个国家独立自主处理自己的对内对外事务的最高权力，包括管辖权、独立权和自卫权。一个国家在处理民族问题方面的主权原则表现为：对处理国内民族问题的排他的管辖权，独立自主地加以处理，他国不得插手；关于处理国内民族问题的法律、政策、措施的独立制定权，不受他国的干预与制约；在因民族问题引发冲突时的自卫权，当国内外敌对势力借民族问题发难、对国家主权和安全构成威胁时，有权采取认为必要的一切手段加以自卫。中国在处理民族问题时，坚定地捍卫国家的主权，反对一切外部势力利用民族问题进行渗透、破坏和颠覆活动。

二、中国处理民族问题的基本政策

　　中国根据国情和各民族情况的实际，制定了民族政策。经过长期的探索与实践，中国的民族政策已成为一个完整的体系。

所有民族一律平等

　　各民族不分人口多少、历史长短、发展程度高低，一律平等。国家为少数民族创造更多更好的发展机会和条件，保障各民族的合法权利和利益。同时，各族人民都有义务维护宪法和法律尊严。

　　民族平等是一个历史性的观念，它引申于一般的平等观念。中国宪法规定："中华人民共和国公民在法律面前一律平等。"平等权是中国宪法赋予公民的一项基本权利，是公民一切其他权利得以实现的基础，也是中国社会主义法制建设的基本原则。平等权是指：公民依法平等地享有权利，承担义务，不受任何差别对待，国家给予各民族公民合法权利同等保护。民族平等的主要内容有：

　　一切民族平等。各民族不分大小、强弱、先进或者后进，都一律拥有平等的权利和地位、履行相同的义务。反对任何民族拥有任何特权。

　　各民族的政治权利是民族平等权的主要内容。中国宪法和相关法律政策对此有明确的规定。比如，规定各民族

中央民族工作会议暨国务院第四次全国民族团结进步表彰大会会场

平等地参与国家事务管理，享有平等的选举权和被选举权。在全国人民代表大会中，各少数民族不但都有适当名额的代表，人口较少的民族至少也有代表一人。中国历届全国人民代表大会的少数民族代表占代表总数的比例，都超过了少数民族人口占全国人口的比例。在全国政治协商会议中，包括有全国所有民族的委员。

国家通过确立民族区域自治这一基本的政治制度，保证了少数民族行使当家做主的平等权利。为保证少数民族的平等权利，还有多方面的规定，如：禁止对任何民族、任何形式的歧视和压迫，任何报刊不得刊载煽动民族歧视和民族仇恨、破坏民族团结的内容，商标不得使用带有民族歧视性的文字、图形等。

各民族在一切权利上平等。各民族在政治、经济、文化、语言文字等社会生活的各个方面的一切权利平等。

经济权利的赋予与保障，既是平等权利的重要内容，也是实现其他权利的重要基础。经济权利包括各民族公民有参与经济活动、依法获得收益的权利，还包括各个民族自治地方自主的管理经济的权利、少数民族公民享受国家赋予的经济发展方面的权利以及享受国家帮助发展的权利。

中国少数民族的文化权利表现在文学、艺术、新闻、出版、广播、电影、电视等所有文化领域。法律规定：各民族公民可以依法从事各类文化活动；民族自治地方的自治机关可以自主的发展具有民族形式和民族特点的文化事业。

福建客家土楼

中国少数民族公民在接受教育方面平等地享有一切权利。同时，法律还赋予了民族自治地方的自治机关"自主地发展民族教育，扫除文盲，举办各类学校，普及九年义务教育，采取多种形式发展普通高级中等教育和中等职业技术教育，根据条件和需要发展高等教育，培养各少数民族专业人才"的权利。国家为少数民族牧区和经济困难、居住分散的少数民族山区，设立以寄宿为主和助学金为主的公办民族小学和民族中学，保障就读学生完成义务教育阶段的学业。

各民族公民还享有同等的医疗卫生和社会保障方面的权利。

对少数民族特殊照顾。在中国，民族平等不仅表现在政治法律上，还体现在社会生活的各个方面，成为真实的社会关系。为此在保障少数民族平等权利时，既有普遍原则，又有特殊原则，即根据少数民族的实际，采取必要的特别政策措施。

普遍原则是各民族的权益一律保护、平等保护，反对各种形式的民族歧视等。特殊原则是对少数民族的某些方面的权利给予特殊的保护，给予超出普遍原则以外的保护。

少数民族权益保障的特殊原则是基于以下原因：各个民族的发展都具有不平衡性，特别是经济社会发展存在差异和差距，在实现民族平等的过程中，存在着社会目标与社会现实之间、形式上的平等与实际的平等之间的矛盾。由于个人的天赋不同，居住地域及家庭背景的不同，个人努力的不同，这些客观存在的不同，影响着平等权利最终的实现程度。因此，在现实生活中的平等与作为原则的平等之间存在着差距。在这种情况下，要想得到平等的结果，就需要采取特别的手段。对于少数民族权益特别保护的原则，正是在这种认识和客观情况的基础上形成的，并且具体表现为对少数民族实施的优惠政策和特殊措施。

中国在民族政策中形成了一系列对于少数民族的特殊性照顾原则。比如：国家为少数民族地区经济社会的发展设立了多项专项资金，还进行若干的政策倾斜；对少数民族中人民代表的选举在名额上给予特别安排；对少数民族考生在招生时适当降分录取等。这些特殊性安排有效地促进了民族平等的实现。

各民族共同维护法律尊严。法律是社会生活中一切团体和个人都必须服从的行为规范。法律面前一律平等是中国社会主义法制的一项重要原则。法律是以确定权利和义务的方式来规范和调整社会关系的，而权利和义务具有对应性。在中国，任何公民享有宪法和法律规定的权利，同时必须履行宪法和法律规定的义务。中国保护各民族的平等权利，同时要求各民族公民平等地履行法律所规定的义务，在社会生活的各个方面，在民族关系中，遵守国家的法律。

实行民族区域自治

民族区域自治，从政策上讲是中国解决民族问题的基本政策；从制度上讲是中国解决民族问题的基本制度，属中国三大基本政治制度之一，是符合中国国情的一项基本政治制度。

民族区域自治的含义。民族区域自治是在国家的统一领导下，在少数民族聚居的地方实行区域自治，设立自治机关，行使自治权。一切实行民族区域自治的地方，都是中华人民共和国不可分割的一部分。民族区域自治，是民族自治与区域自治的正确结合，是经济因素与政治因素的正确结合。

民族自治地方，是在少数民族聚居的地区建立起来的一级国家地方行政单位。其行政地位分为相当于省的自治区、相当于省辖市的自治州和相当于县的自治县(旗)。民族自治地方的行政区域划分是根据当地民族聚居情况、民族关系、经济发展条件并参酌历史状况，在有利于民族自治地方的发展和民族团结的原则下，在各有关民族平等自愿的基础上，经过充分协商后确定的。

1947年5月1日，内蒙古自治区成立。

鄂尔多斯蒙古人

民族自治地方的自治机关是自治区、自治州、自治县(旗)的人民代表大会和人民政府。在民族自治地方的人民代表大会中，除实行区域自治的民族代表外，其他居住在本行政区域内的民族也有适当名额的代表；民族自治地方的人民代表大会常务委员会中，由实行区域自治民族的公民担任主任或者副主任；自治区主席、自治州州长、自治县县长由实行区域自治民族的公民担任。自治区、自治州、自治县的人民政府和其他组成人员，尽量配备实行区域自治的民族和其他少数民族的人员。

从人口多的民族到人口少的民族，从大聚居的民族到小聚居的民族，都根据民族平等原则和当地的实际情况成立了相应的自治地方。中国有45个民族建立了155个民族自治地方。有一个民族建立的自治地方，也有几个民族联合建立的自治地方。作为民族区域自治制度的补充形式，还建立了1000多个民族乡。

民族自治地方的自治权。自治机关作为一级地方政权机关，既行使同级一般地方国家机关的权力，同时又行使自治权。自治权是民族自治地方的人民代表大会和人民政府，根据本民族、本地区的情况和特点，依照有关法律自主地管理本民族、本地区的内部事务的权力。自治机关的自治权，是一种平等权利、民主权利。自治机关的自治权表现在政治、经济、文化和社会生活的许多方面。

立法和行政方面的自治权有：自治地方的人民代表大会有权依照当地民族的政治、经济和文化特点，制定自治条例和单行条例，分别报上级人民代表大会常务委员会批准后生效；上级国家机关的决议、决定、命令和指示，如有不适合民族自治地方实际情况的，自治机关可以报经上级国家机关批准，变通执行或停止执行。

经济方面的自治权有：自治机关根据本地方的财力、物力，自主地安排地方性的基本建设项目；自主地管理隶属于地方的企业、事业；管理和保护本地方的自然资源，可以优先合理开发利用；可以自主地开展对外经济贸易活动。

财政方面的自治权有：自治地方的自治机关有管理地方财政的权利，属于自治地方的财政收入，由自治机关自主地安排使用；自治地方财政收入不敷支出的，由上级财政给予补助；民族自治地方依据需要使用国家拨给的各项专用资金和民族事业补助专款；经费预算中可以设立机动金，预算中的预备费的比例可以高于一般地区；对本地方的各项开支标准、定员、定额，根据国家规定的原则，结合本地方的实际情况，可以制定补充规定和具体办法。

教育和文化方面的自治权有：自治机关自主地发展民族教育，根据国家教育方针，决定本地方的教育规划、学校设置、学制、办学形式、教学内容、教学用语和招生办法；招收少数民族学生为主的学校，有条件的使用少数民族文字课本，并用少数民族语言授课。自治机关自主地发展具有民族形式和民族特点的文学、艺术、新闻、出版、广播、电影、电视等民族文化事业；保护民族传统文化、民族古迹和珍贵文物，发展和弘扬民族优秀传统文化。

科技、文卫、体育方面的自治权有：自主地决定本地方的科技发展规划，普及科技知识；自主地决定本地方的医疗卫生事业的发展规划，发展现代医药和民族传统医药；自主地发展体育事业，开展民族传统体育运动；自主地开展与其他地方在科技、卫生、体育等方面的交流和协作。

培养使用干部的自治权有：自治地方的行政首长由自治民族的公民担任；民族自治地方可以根据本地各方面发展的需要，采取各种措施，在当地民族中大量培养干部、科技人才、管理人才与技术工人；自治地方的企业、事业单位在招收人员时，可以优先招收当地少数民族人员。

坚持和完善民族区域自治制度。中国采取民族区域自治制度处理民族问题的主要原因有：一是从历史上看，统一的多民族国家延续了两千多年，在统一国家里共同生活是各民族的普遍意识。二是从经济上看，各民族间发展不平衡，互补性强，在统一的国家里实行区域自治有利于各民族的发展进步。三是从文化上看，各民族的文化长期交往、互相影响，共存于一个国家有利于各民族文化的发展，并且各民族形成了"国家一统"、"合则两利"的思想文化观念。四是从新中国成立的历程看，是各民族的共同努力、长期奋斗缔造了新的国家，在统一的国家里实行区域自治，有利于捍卫奋斗成果，也有利于各民族的发展。中国实行民族区域自治制度五十多年的历史证明，这一制度适合中国国情。在新世纪、新的形势下，将坚持和完善民族区域自治制度。

满文《甘珠尔》

手抄本《古兰经》

纳西族东巴文经书

蒙、藏、维、哈、朝文版《中华人民共和国民族区域自治法》

坚持和完善这一制度的基本方向是：加快民族自治地方的发展，充分发挥民族区域自治制度的功能，在中国特色社会主义建设中加强民族区域自治制度建设。坚持和完善民族区域自治制度的一个重要方面是加强民族区域自治的法制建设。中国已初步形成了民族区域自治的法规体系，制定有《中华人民共和国民族区域自治法》，中央政府制定了实施民族区域自治法的行政法规，民族自治地方制定了大量的自治条例和单行条例。贯彻自治法是坚持和完善民族区域自治制度的需要，也是依法治国的需要。国家要求各民族公民、各国家机关、社会团体遵守和实施民族区域自治法，也通过执法机关的活动，通过完善监督机制，贯彻落实民族区域自治法，巩固发展民族区域自治制度。

促进民族团结和谐

平等、团结、互助、和谐是中国社会主义民族关系的本质特征。历史表明，汉族离不开少数民族，少数民族离不开汉族，各少数民族之间也相互离不开。各族人民要互相尊重、互相学习、互相合作、互相帮助，不断巩固和发展全国各族人民的大团结，构建社会主义和谐社会。

中国民族关系的特征。中国的民族关系基本上是各民族劳动人民之间的关系，以民族平等、团结、互助、和谐为本质特征。民族关系是以民族为主体的社会关系，是各民族之间在政治、经济、文化、思想上的交往联系状态，涉及社会生活的各个方面，涉及民族共同体的利益、权利、意志和心理感情等诸多内涵。

民族平等是指不同民族在相互联系与交往中，处于同等地位，具有同样的权利和义务。各民族在社会生活各方面的地位、待遇和权利、利益上一律平等。

民族团结是指不同民族间互相尊重、友好相待、和睦相处，共同建设国家，也包括不同民族为了共同的利益和目标在自愿和平等的基础上的合作。

民族互助是各民族为了共同的利益和奋斗目标，互相支持、互相帮助、互相促进。各民族都有自己的优点和长处，同时又都存在着劣势和不足。各民族间的互助合作是各民族发展的需要，也是国家发展的需要。

民族和谐，是指在各民族间存在着特点上的差异和文化的多样性基础上，各民族的合法权益得到保障和实现，各民族的经济和社会事业得到协调发展，各民族特点和文化受到尊重，各民族关系融洽。民族和谐是社会整体和谐的重要内容，又是社会整体和谐的重要条件，在多民族国家，若要实现国家和社会的和谐，必须实现民族关系的和谐。

　　和谐社会是美好的社会，但并不是一个没有民族差异和民族利益冲突的社会，而是一个有能力解决民族问题和化解民族冲突，能合理地协调和实现各民族共同利益、使各民族共同享有和共同发展的社会。

　　促进民族平等团结的措施。为了促进各民族的平等团结，国家采取了一系列政策措施。当然，保证各民族的政治权利，让各民族平等地参与国家和社会的管理，保障各民族经济发展和文化发展的平等权利，这是民族平等团结的基础。除此以外，国家还有多方面的政策措施。

　　为促进民族团结，国家采取措施，努力营造和谐的民族关系氛围，大力弘扬以爱国主义为核心的中华民族精神，促进各民族互相尊重、互相学习、互助合作。弘扬正气，鼓励先进，中国政府定期召开民族团结进步表彰大会，表彰那些在促进各民族的团结与进步方面作出贡献的集体和个人。

　　为了维护民族团结，还须妥善处理民族间的矛盾和冲突。各民族世代相处，广泛交往，矛盾冲突在所难免，关键是妥加处理。中国处理民族间的矛盾和冲突遵循的原则包括：一是及时原则，发生问题时，反应迅速，尽快采取相应措施，尽可能把问题解决在初始阶段；二是协商原则，有关方面做耐心细致的工作，充分地交换意见，通过平等协商的办法解决问题；三是法制原则，坚持依法办事，维护法律的尊严，按照有关法律的规定分清是非，理清责任，处理争议；四是利益原则，坚定地维护国家的利益，维护各族人民的利益；五是团结原则，解决民族间的任何问题都着眼于化解矛盾，促进民族团结，不仅着眼于一时一事，而且着眼于民族关系的长远。

第五次全国民族教育工作会议会场

加快发展民族经济

　　加快少数民族和民族地区经济社会发展，是中国现阶段民族工作的主要任务，也是解决民族问题的根本途径。

　　新中国成立后，少数民族和民族地区的经济社会发展和民族的整体面貌有了明显的改变，但是与沿海发达地区相比，经济社会发展差距仍然相当大，并且有扩大的趋势。差距的存在和发展的滞后是历史上形成的，也有自然、社会等方面的原因，在短时间内难以消除。但又绝不能听之任之，必须加快少数民族和民族地区的发展，缩小差距，实现地区之间、民族之间的协调发展，实现各民族共同富裕、共同繁荣。

　　少数民族和民族地区经济发展的有利条件。中华各民族人民勤劳、勇敢、智慧，富有创新精神；中国民族地区地大物博，自然资源丰富；国家坚持民族平等、民族团结原则，致力于各民族的共同繁荣发展，等等。同时，少数民族和民族地区经过五十多年的发展，已形成了较完备的经济体系，有了较好的基础设施，人民群众生活水平普遍提高，这些为民族地区加快发展奠定了强大的基础，也积累了丰富而宝贵的经验。这些物质和精神条件，十分有利于民族地区的加快发展。

　　面对不同地区的发展差距问题，中国政府在经济建设上一个重要指导思想是调控差距的尺度，使差距控制在一个适当的范围里，努力促进地区协调发展，并使各地区之间优势互补，互相促进，从而有先有后都能逐步走向富裕。这是中国坚持科学发展观的重要内容。

大漠中的井架

大兴安岭红花尔基樟子松林场

鄂温克族驯鹿

在这些主客观条件的基础上，国家为加快民族地区的经济建设，制定了一系列政策措施。

重视基础设施和重点项目建设。在加快少数民族的发展中，首先重视搞好基础设施和重点项目建设，规划建设一批对少数民族和民族地区发展起支撑作用的重大项目，包括公路、铁路、通讯、机场、港口等。民族地区已建成发达的交通和通讯网络。

在经济建设中，从实际出发，扬长避短，大力发展少数民族的特色经济和优势产业。能源、矿产、生物等资源丰富是民族地区发展经济的优势，为此积极改造和提升传统产业，大力发展能源、矿产资源开发等优势产业，努力把资源优势变为产业优势和经济优势，逐步形成具有本地特色和竞争优势的产业结构，增强自我发展的活力。为此，开发建设了一大批项目，如天然气、电力、煤炭的开发，天然林保护等。同时建设与人民群众生产生活密切相关的中小型项目，如实施"兴边富民行动计划"、"村村通广播电视计划"、"西部通县油路工程"、"退耕还林还草工程"、饮水工程等。

在经济建设中，切实抓好民族地区的扶贫工作。坚持开发式扶贫，把特困少数民族地区作为扶贫的重点，在政策和资金上加大支持力度。因地制宜，采取多种途径和方式，帮助少数民族尽快摆脱贫困，走向富裕。

为少数民族和民族地区的发展提供政策支持。国家通过政策措施支持民族地区加快发展，特别是扶持民族地区大力发展优势产业和特色经济。优先在民族地区安排资源开发和资源深加工项目，提高资源就地加工和增值的能力。支持民族地区优化产业结构，发展优势产业，改造传统产业，形成合理的产业结构。

通过政策措施，调整所有制结构。大力支持民族地区发展个体、私营等非公有制经济。政策措施包括拓宽市场准入，实行公平待遇；改善金融服务，加大财税支持；发展社会中介服务，完善社会服务体系；维护

黎族织锦

非公有制企业和职工的合法利益；引导企业提高自身素质；加强政府监督。从而更好地促进民族地区非公有制经济健康发展。

完善民族贸易和民族特需品生产优惠政策。在税收、金融和财政政策上，对少数民族地区的贸易企业、少数民族特需用品和传统手工业生产予以照顾，对少数民族医药和清真食品产业的发展加大扶持力度。对少数民族特需用品继续实行定点生产并建立必要的国家储备制度，更好地满足各族群众生产生活需要。

帮助边境地区和人口较少民族聚居地区加快发展。在边疆地区实施"兴边富民行动计划"，帮助边疆地区解决吃饭、饮水、上学、就医等方面存在的突出问题，加快沿边(境)等级公路等基础设施建设步伐。对人口在10万以下的22个人口较少的民族，采取特殊政策，加大扶持力度，使这些人口较少民族聚居区的经济社会发展逐步达到当地中等或中等以上水平。

国家多渠道加大对少数民族和民族地区的资金投入。逐步加大对民族地区财政转移支付力度。财政转移支付制度，是财政资金再分配的制度，表现为上级政府对下级政府的预算补助。中央对民族地区的财政转移支付和专项资金，对加快民族地区的发展起了重要作用，不仅有效缓解了民族地区财力紧张状况，也使民族地区的加快发展有了更多的财政保障。

坚持实施可持续发展战略，促进人与自然协调发展。中国的地理构成从西到东大致为三级台阶，西高而东低。民族地区大多位于中国自然地理的第一、二台阶的高原和山地上，地貌复杂，是中国大江、大河的主要源头，是重要的水源涵养地，也是中下游的生态屏障，同时还是生态脆弱地区、生态敏感地区、自然灾害的频繁发生区。为此，在民族地区的经济发展中，坚持经济社会发展与环境保护、生态建设相统一，既讲求经济效益，又重视社会效益和生态效益。尊重自然规律，根据自然的承受能力来规划经济社会发展，努力杜绝各种掠夺性开发、破坏性开发。国家为此采取的政策是，在民族地区依据生态的具体情况，确立了一批自然保护区，一批限制开发区，还有禁止开发区。同时妥善解决生态建设和资源开发补偿问题，建立生态建设和环境保护补偿机制。鼓励、支持在民族地区发展循环经济、节能经济的产业和项目，切实解决少数民族群众增收和长远生计问题。

与此同时，对过去遭受破坏的生态进行保护和治理，措施包括退耕还林还草、防止土地沙化、治理大气污染和水污染等等。

实施西部大开发，加快民族地区发展。西部地区包括中国12个省、自治区、直辖市(新疆、广西、内蒙古、西藏、宁夏、云南、贵州、四川、青海、甘肃、陕西、重庆)，国土面积687万平方公里，约占全国的71.5%；人口约3.55亿，约占全国的28.4%。西部地区有世居的少数民族38个，全国少数民族人口的75%左右分布在西部地区。因此，西部大开发从一定意义上讲就是民族地区、欠发达地区的大开发。

西部大开发，旨在通过适当的机制、政策、投资等系列化的支持、保障，从根本上改善西部地区生态、经济、社会的基本条件，培育自身的综合发展能力，实现快速、高效的发展，从而逐步缩小区域间发展水平的差距，实现区域经济协调发展的目标。

国家实施西部大开发以来，投入了大量资金，采取了一系列有效的政策措施，已取得明显成效。交通、水利、能源、通信等重要基础设施条件逐步改善，生态建设取得初步成效，特色产业发展加快，东西合作更加紧密，有效拉动了国内需求。西部大开发和重点工程需要大量的设备、材料、技术和人才，为东中部地区企业进入西部提供了广阔的市场空间和大量的投资机会。

发达地区对口支援，扶持少数民族和民族地区发展。在国家大力帮助民族地区发展经济的政策措施中，有一项是对口支援。对口支援，是在国家统一领导和协调下，经济发达地区与经济欠发达的民族地区结成相对固定的关系，前者帮助后者发展经济社会事业。这是促进地区协调发展、实现共同富裕的一种经济活动，是促进各民族团结互助的重要措施。

各地按照"扬长避短、互惠互利、共同发展"的原则，开展对口支援和经济技术协作，这对民族地区的加快发展起了重要作用。在西藏自治区，很多重要项目如公路、桥梁、文化教育设施，都是东部发达地区援助建设的。对口支援领域不断扩大，已从经济扩展到文化、教育、卫生等领域。对口支援的内容也不断增加，

青藏铁路(左图)
沙漠公路(右图)

中央民族大学

扩及到干部交流、边境贸易、发展外向型经济等方面。

实现民族地区的加快发展，离不开国家的扶持和发达地区的帮助，但最根本的、最重要的还是少数民族和民族地区的自力更生、艰苦奋斗、奋发图强，所以国家着力培养民族地区自身的发展能力，激发经济社会发展的内在活力，发挥少数民族人民的创造能力，以自己的努力加快当地的发展。

发展文化教育事业

文化是民族的重要特征,少数民族文化是中华文化的重要组成部分。国家尊重和保护少数民族文化，支持少数民族优秀文化的传承、发展、创新，鼓励各民族加强文化交流。大力发展教育、科技、文化、卫生、体育等各项事业，不断提高各族群众的思想道德素质、科学文化素质和健康素质。

保护和发展少数民族的文化成为中国民族政策的重要内容。中国在少数民族文化的传承、发展与创新方面所坚持的基本原则是：

一是尊重文化的多样性的原则。中国民族传统文化的一个重要特点，是打上了众多民族印记的丰富性和多样性。中国的每一个民族都拥有自己独特而系统的本民族文化，不同的民族文化的存在和发展，使中华民族文化不断焕发蓬勃生机和无尽活力。因此，在文化工作中充分尊重民族文化的多样性，对任何民族的文化都肯定其地位，尊重其特点，使各民族文化都能在新的历史条件下，得到保护、得到延续、得到发展。

二是既保护又创新的原则。文化是各民族的创造成果，是人类的宝贵财富，必须不断发展和创新。文化的发展、创新离不开一定的文化母体，离不开相应的文化传统，就像江河有了源头才会奔流不息。因此，保护传统文化是发展创新的重要前提，国家高度重视少数民族文化的保护，这种保护既包括保护其形态，使其能延续，也保护其特点，使之有个性。

当然，要保护，还要创新。创新是一个民族的灵魂，也是文化发展的必要条件。创新就是使文化与发展的时代互动，不断吸收新的营养，使之充实新的内容，发展新的形式。民族文化在与自然、社会、历史的互动中不可避免地要不断发生变化。这种积极创新和不断变化，促使民族文化得以应时而变，推陈出新，生生不息。

三是积极保护的原则。对民族文化的保护，不是将所有的东西原封不动、全盘留存，这无力做到，而是突出重点，取其精华。对优秀的东西实施整体保护，这是民族文化的生态整体特征决定的。有悠久历史的中国优秀民族文化系统是一个整体，它的各个组成部分相互依存，互为条件，共同构成有机的整体，所以对这些文化要着眼于整体保护。

另一方面，文化生态与自然生态的保护整体进行，因为中国少数民族文化在许多时候和特定的生态环境相联系，离开了特定的自然环境，相应的文化就失去了生存的条件，如草原文化离不开草原。因此保护自然生态环境与保护文化生态环境同步进行，使之成为相辅相成的系统工程。

在保护发展少数民族文化方面，中国政府采取了一系列政策与措施：

一是加强文化设施建设。对民族地区的文化建设采取"四优先"政策：文化基础设施建设优先、文艺人才培养优先、对外文化交流优先、文物保护优先。在民族地区普遍建成了图书馆、文化馆、文化站、博物馆、影剧院、体育活动场地等基础设施。建立了使用民族语言的广播电视机构，设立了使用少数民族语言文字的广播电台、电视台和广播电视卫星收转系统。还实施了一批加强少数民族文化设施建设的专门工程。适应现代科技的发展，积极普及互联网。

二是建立少数民族文艺团体。文艺团体对文化的传承、整理、展示、发展，作用巨大。中国从中央到地方普遍设立了文艺团体，包括民族歌舞团以及各类表演戏剧、曲艺等少数民族传统文化形式的文艺团体。国家对少数民族地区文艺团体给予财政扶持和政策支持，使之能很好地从事文艺节目的创作和演出活动。

同时加强民族地区文化队伍建设，大力培养各民族文化艺术人才。民族地区的高等院校和民族院校为少数民族学生开设专业班、培训班、进修班，培养了一大批少数民族文艺骨干人才。国家还采取措施保护少数民族老歌手、老艺人。

三是对濒危的少数民族文化艺术进行抢救性保护。由于年代的久远和现代生活的冲击，一些少数民族的传统文化濒临失传，为此国家采取了抢救性的措施，以使那些珍贵的文物得以传承。如国家民族事务委员会设有全国少数民族古籍整理研究

新疆克孜尔千佛洞

83

室，许多少数民族地区也有这类机构，主要从事少数民族古籍的挖掘、整理、出版工作，还有一些机构从事少数民族文化遗产的调查、登记、抢救、保护工作。已收集、整理和出版了多种各民族文学艺术类丛书，如《中国民族民间音乐集成》等。

有些少数民族的文物则进行维护修理，使其得以存续，重现光辉。如国家投入巨资对西藏拉萨的布达拉宫、哲蚌寺、色拉寺、甘丹寺，青海的塔尔寺，新疆的克孜尔千佛洞等大批国家重点文物古迹进行了修缮。各地在进行盖房、修路等建设中，也十分重视对少数民族文物的保护。

四是设立少数民族文化工作机构。为了更好地发展少数民族的文化事业，设立了许多文化工作机构，专门从事少数民族文化事业的管理工作和服务工作。国家民族事务委员会设有文化宣传司，地方政府也有类似机构，主要从事少数民族文化工作。国家民族事务委员会和有关地方还有民族语文翻译局、民族出版社等机构，专门从事与少数民族文化有关的工作。

中国重视少数民族文化事业的发展，也重视少数民族教育事业的发展。发展教育事业，对一个民族的发展进步意义重大，对处理好民族问题意义重大。所以，发展民族教育事业成为中国民族政策的重要组成部分。中国在发展民族教育事业方面采取的政策措施有：

一是建立民族教育体系。在中国，各民族都有受教育的平等权利，国家普及九年义务制教育。为了发展民族地区的教育事业，在民族地区普遍开办学校，即使人烟稀少的地方也设置教学点，从而建立起了从幼儿教育、学前教育到基础教育、普通中等教育、职业教育和普通高等教育的完整教育体系，为少数民族创造了接受教育的条件。

新中国成立前，民族地区教育落后，许多地区没有现代意义上的学校，文盲率极高，有的甚至"结绳记事"。经过几十年的时光，

中央民族大学学生在雅典

情况大变，现在少数民族受教育程度大幅提高，广大民族地区已基本普及九年义务制教育。许多教育发展长期落后的民族已经有了硕士生、博士生。

二是发展民族高等教育。国家重视民族地区的基础教育，也重视培养少数民族的高等人才。在民族地区兴办了大量大学，使少数民族能够进入大学学习。国家还设立了主要招收少数民族学生的民族院校，全国共有民族院校十多所，这些院校以本科教育为主，兼有干部培训、预科，同时招收留学生、研究生，成为中国高等教育中很有特色的组成部分。

民族中学的学生

少数民族考生报考大学，给予适当降低分数的照顾。在校学习的少数民族大学生，尊重他们的文化传统，补贴他们的学习、生活费用，使他们能够顺利完成学业。

三是积极发展职业教育、成人教育。在发展高等教育的同时，国家还重视为民族地区培养经济社会发展需要的各类人才。已形成具有特色的职业教育和成人教育体系。成人教育体系主要有：成人高校、广播电视大学、广播电视中专、自学考试、成人中专等。

民族职业教育体系主要有：高等职业学校、中等职业学校、技工学校、职业高中等。这类教育不仅提高了少数民族的文化素质和职业技能，也为他们的就业创造了条件。

四是为少数民族异地办学。鉴于民族地区办学条件相对较差，国家还在条件较好的东部地区学校中专门开办招收少数民族学生的学校或班级。在高等教育方面，除了在东部地区办民族院校外，还在许多大学里办了专门招收少数民族的民族班、预科班、进修班、干部班等，为少数民族地区培养、培训大量急需人才。

在基础教育方面，也在发达地区开办了民族中学、民族班，如在许多城市设立了西藏中学或在一些中学开办了西藏班、新疆班。许多省也在经济文化发达的省会城市等设立招收农区、牧区、山区少数民族学生的中学和中等专业学校。

五是采取特殊政策措施。在经费方面，不断增加民族教育经费投入，国家设立了民族教育专项经费。在师资方面，加强对少数民族教育师资的培训和支援。组织教育发达地区对口支援、帮助少数民族落后地区，国家派遣大批教师和师范学校毕业生到民族地区支教，不断加强民族教育师资队伍建设。同时还加强了少数民族师资培训，以提高教师的业务能力和教学水平。在办学形式方面，因地制宜，设立以寄宿为主和助学金为主的公办民族小学和民族中学。在教学语言方面，使用少数民族语言教学或同时使用汉语和少数民族语言教学。在教学手段方面，积极利用先进的科技手段，发展农村中小学现代远程教育，以信息化推动边远地区农村教育的更快发展。

民族文版《民族画报》

使用发展语言文字

语言文字平等是民族平等的重要标志和体现。中国民族政策的一项重要内容是：尊重和保护各民族的语言文字，各民族都有平等地使用和发展自己语言文字的权利。

这一原则体现在有关的法律和地方法规之中，如《中华人民共和国民族区域自治法》规定："民族自治地方的自治机关保障本地各民族都有使用和发展自己的语言文字的自由。"一些少数民族聚居的省、自治区也制定了关于少数民族语言文字方面的地方性法规。如西藏自治区1987年颁布了《西藏自治区学习使用和发展藏语文的若干规定》；新疆维吾尔自治区1988年发布了《新疆维吾尔自治区民族语言文字使用管理暂行规定》；内蒙古自治区、云南省也颁布了此类法规。旨在保护少数民族使用本民族语言文字的权利，也是在保护少数民族语言文字这项有重要价值的文化成果。

少数民族语言文字依法使用。中国的全国人民代表大会、全国政治协商会议等国家重要会议都把少数民族语文作为会议使用语文，提供使用少数民族文字的文件，提供少数民族语言的翻译。

民族自治地方的自治机关在执行职务的时候，依照本民族自治地方自治条例的规定，使用当地通用的一种或几种语言文字。民族自治地方的自治机关同时使用几种通用的语言文字执行职务时，可以以实行区域自治的民族的语言文字为主。比如在西藏自治区，自治机关执行职务时，主要使用藏语文和汉语文两种语文作为会议用语文，发布各种布告、指示、规定。其他民族自治地方也是如此。

在民族自治地方，少数民族的语言文字还在许多地方广泛使用。民族自治地方各类国家机关、人民团体和企事业单位等的发文、证章、牌匾以及商标等都使用当地通用的民族文字和汉文。少数民族语言也使用在新闻报道中，如西藏人民广播电台使用藏、汉两种语言广播，《西藏日报》及西藏其他报纸、刊物等都使用藏、汉两种文字。

各民族公民都有使用本民族语言文字的权利。各少数民族人民在日常生活、生产劳动、通讯联系以及社会交往中，使用本民族的语言文字受到尊重，并得到法律的保障。

各民族公民都有使用本民族语言文字进行诉讼的权利。人民法院和人民检察院对于不通晓当地通用语言文字的诉讼参与人，应当为他们翻译。在少数民族聚居或者多民族共同居住的地区，用当地通用的语言审理案件，起诉书、判决书、布告和其他法律文书也都根据实际需要使用当地通用的一种或者几种文字。《中华人民共和国刑事诉讼法》《中华人民共和国民事诉讼法》《中华人民共和国人民法院组织法》对此作了相应的规定。这些规定，体现了民族平等、语言平等原则，使以本民族语言为主要交际工具的少数民族公民能用本民族语文进行诉讼，更好地保障自己的合法权利。

使用少数民族语言文字教学。作为体现民族语言平等的一项原则，也作为传承少数民族语言文字的一项措施，中国重视少数民族语言文字在学校中的使用。在民族自治地方，招收少数民族学生为主的学校，有条件的采用少数民族文字的课本，并用少数民族语言讲课。

少数民族地区依据法律，从当地的实际情况出发，推行民族语文和汉语文双语教学。有本民族通用文字的民族，在以招收少数民族学生为主的学校和专业采用少数民族文字课本，使用少数民族的语文教学，到小学高年级以后，加授汉语文。在高等教育入学考试中，少数民族考生可以选用本民族的语言文字答题应考。目前，中国共有 10000 多所中、小学实行双语教学，少数民族文字编印的教材达 1000 多种。

鼓励各民族互相学习语言文字。不同民族语言文字的交流，可以产生多方面的、良好的社会效益。中国有关政策规定：民族自治地方的自治机关教育和鼓励各民族的干部互相学习语言文字。这包括两方面的要求，一是要求汉族干部要学习当地少数民族语言文字；二是少数民族干部在学习、使用本民族语言文字的同时，也要学习全国通用的普通话和汉文。

这种规定，有利于民族之间的交流、合作，也有利于民族地区的建设事业，有利于少数民族学习和掌握现代化知识，更好地参加民族自治地方和国家事务的管理。当然，也会有利于少数民族语言文字的使用和发展。

政府对能够熟练地使用两种以上当地通用的语言文字的公民予以奖励。

对少数民族语言文字的保护、使用和发展，实行专门措施。语言文字的种类逐渐减少，这是世界性的趋势。历史上，中国许多少数民族只有语言，没有文字，一些少数民族语言的使用者逐渐减少。因此，中国政府采取了多方面的措施，对少数民族的语言文字加以保护，为少数民族语言文字的使用发展创造必要条件。

民族文版图书

新中国成立初期,中国政府组织了大量的专家学者在全国开展了大规模的少数民族语言调查工作,了解并掌握了各少数民族语言文字的基本情况。在此基础上,又根据各少数民族自愿选择和有利于民族发展进步的原则,帮助一些少数民族创制了文字,还帮助一些民族改革或改进了文字。

中国政府对使用少数民族语文的出版、广播、影视事业进行扶持,使其得到发展。在中央和各民族地区先后建立了使用少数民族文字的出版机构和少数民族语言广播电台、电视台,创办了民族文字报刊、杂志。目前,在中央和有关省、自治区、自治州共有30多家少数民族文字的出版机构,每年出版大量的少数民族文字的书籍、报纸和杂志,全国每年用20多种民族文字出版各类图书6000多种。

现在,中央人民广播电台除用汉语广播外,还用蒙古语、藏语、维吾尔语、哈萨克语、朝鲜语等多种民族语言广播。许多地方广播电台,根据当地民族的情况,使用当地的少数民族语言广播。在影视方面,用20多种语言摄制了大量影视片,也有许多的汉语影视片译制成少数民族语言文字。

建立工作机构,培养专门人才。中国在中央政府和民族地区建立了各类少数民族语言文字工作机构和研究机构,如国家民族事务委员会设有少数民族语言文字工作办公室,许多省、自治区也有类似的工作机构。中国社会科学院还有少数民族语言文字研究室。此外,还设有少数民族语言文字的翻译机构,国家民族事务委员会有中央民族语文翻译中心,一些民族自治地方也设有民族语文翻译机构。目前,中国已经建立起一支少数民族语言文字工作者队伍,专门从事少数民族语言文字的翻译、研究工作。在中央民族大学和一些民族学院以及相关的高等院校,设立了少数民族语言文学系,设有多种少数民族语文专业,培养从事少数民族语言文字工作的人员和教学、研究人员。

为了保护发展少数民族的语言文字,国家重视对少数民族语言文字的研究,设有专门的研究机构。国家民族事务委员会组织编写和出版了《中国少数民族语言简志丛书》,逐一介绍各民族语言的特点、历史和现状。目前各少数民族的语言简志都已出版。

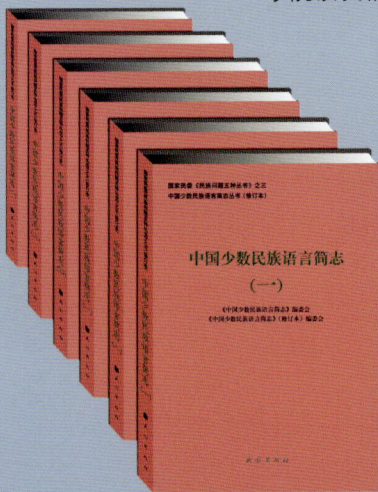

《中国少数民族语言简志丛书》

大力培养民族干部

培养选拔少数民族干部是解决民族问题、做好民族工作的关键,是管长远、管根本的大事。国家努力造就一支宏大的德才兼备的少数民族干部队伍。民族地区人才资源开发是一项战略任务,国家通过有效措施大力培养民族地区现代化建设需要的各级各类人才。

培养少数民族干部对解决民族问题意义重大。民族关系,归根结底是人的关系。解决民族问题，必须重视人的问题。少数民族干部在民族地区的发展中有着特殊作用。他们土生土长，长期生活在本民族人民群众之中，熟悉本民族的历史和现状，通晓本民族的语言文字，熟知本民族的风俗习惯、宗教信仰，同本民族人民有着"天然"的联系，这些是做好工作、加快发展的有利条件。

同时，少数民族干部对改变民族地区的落后面貌有着强烈愿望，对加快民族地区经济、文化的发展具有强烈的使命感和高度的责任心，对本民族的加快发展、素质提高有着崇高的追求，并且了解当地经济社会发展的历史与现状、优势与不足，这些是少数民族干部所具有的特点和优势。因而充分发挥少数民族干部的作用，对民族地区的发展非常必要，对解决民族间的发展差异非常必要。

培养和任用少数民族干部是坚持民族平等和实施民族区域自治制度

中央民族干部学院

的重要条件。各民族管理和参与国家大事、行使宪法和法律所赋予的各项平等权利，在很大程度上是通过各民族的代表人物——干部去实现的。实行民族区域自治，也是通过自治机关中的少数民族干部来实现当家做主、自主地管理本民族的内部事务的，少数民族干部的数量和素质，在一定程度上决定自治机关的管理能力和运行效率。因此，培养、选拔、任用少数民族干部，是实行民族平等、实施民族区域自治制度必不可少的条件。

培养和任用少数民族干部是巩固国家统一、民族团结的重要保障。优秀的民族干部必然是忠于国家、努力造福各族人民、维护民族团结的干部，他们的行为可以直接有力地维护国家的统一和团结，还可以为许许多多的人作出表率，以形成维护国家统一和民族团结的良好社会风气。在民族间发生矛盾与冲突时，也可以通过少数民族干部的作用，使问题得到公正而及时的处理，以维护各民族的良好关系。

广开渠道，增加少数民族干部数量。在不同历史时期，中国采取了多种多样的培养少数民族干部的政策措施。主要有：通过创办各类学校包括创办民族学院，使民族干部的培养工作正规有序，使民族干部有稳定的来源和良好的素质。中国还通过多种渠道，对少数民族干部进行岗位业务培训，包括到学校进修、出国培训等，帮助他们提高现代科学文化水平，学习和掌握履行岗位职责所必需的专业知识与技能。目前，中国培训民族干部已成体系，除在各民族院校举办民族干部培训班外，已初步建立了各级党校、团校、干部院校、干训中心等培训机构，以各类大专院校、成人高校和函授、自学考试等为依托，形成了多层次、多渠道、多形式的民族干部教育培训体系。

日照雪山

中国少数民族干部的培养体系包括不同层次，有中央国家机关实施的，也有各级地方国家机关实施的。各级培养体系的对象各不相同，从乡村到省、市、县的各级干部都纳入了培养教育体系，从而使所有层次的少数民族干部都能得到培养。

重视少数民族干部的配备和使用。 培养是为了使用，对少数民族干部充分信任，放手使用，根据干部的实际情况放在最能发挥他们作用和特长的岗位上，让他们大显身手，建功立业。

自治地方各级领导班子，按照民族区域自治法和有关政策的规定，选配少数民族干部，不仅自治地方的行政首脑由实行自治的少数民族担任，其他职位也都尽可能配备少数民族干部，体现少数民族当家做主。在非民族自治地方，也重视少数民族干部的培养与使用，少数民族人口较多的省、市、县的领导班子中，民族乡镇和少数民族较多的乡镇的领导班子中，与少数民族生产、生活密切相关的部门和少数民族职工较多的企事业单位的领导班子中，均配备一定数量的少数民族干部。

国家在招收公务员时，对少数民族给予适当的照顾。

提高少数民族干部的素质。 为了更好地发挥各民族干部的作用，更好地促进民族地区的现代化事业，国家着力提高少数民族干部的整体素质。努力使少数民族干部具有良好的大局意识和责任意识，有较高的领导才能和创造精神，有严谨的科学思维和扎实的作风，有高昂的进取精神和开阔的视野。总而言之，使他们具有参与国家和社会事务管理、领导社会主义现代化建设事业的能力与素质。

为提高少数民族干部的素质，国家建立并不断完善少数民族干部的培训和挂职锻炼制度。对少数民族干部分层次进行系统的培训，学习新知，提升能力，提高素质。还每年从民族地区选派一定数量的优秀中青年干部到中央国家机关和经济发达地区进行为期半年的挂职锻炼。通过实际工作的锻炼，使民族干部开阔视野，增长才干，增强改革开放意识和全局意识，提高宏观决策水平和解决实际问题的能力。

此外，还通过鼓励各民族干部加强学习，进行干部的交流以及督促、考核等办法去提高少数民族干部队伍的素质。

大力改善少数民族干部队伍的结构。结构对事物的性质和功能意义重大，干部队伍也是如此。优秀的干部队伍需要有良好的结构。由于经济发展和历史方面的原因，民族地区的干部队伍结构不尽合理。经济管理人员、科学研究人员、工程技术人员、律师和司法机关的工作人员不足，懂经济、会经营、善管理的领导干部、高层次科技人才更是紧缺，这不利于民族地区的现代化建设。为此，国家采取了针对性的措施，包括：调整大学的专业结构，使少数民族学生大学毕业后其知识结构能够适应现实的需要；让在职干部进行所担任工作需要的专业知识的强化训练，加强干部的交流等等。

为培养干部，改进结构，还建立了后备干部制度。各级班子确定一定数量年轻的、具有良好潜质的少数民族后备干部，把少数民族后备干部的培养选拔，纳入到干部队伍培养的总体规划，有针对性地采取具体措施进行培养，包括岗位轮换，担当重要责任，承担重要任务，促其更好成长。

进行人才资源开发。提高各民族素质，推进民族地区的经济社会发展，不仅需要培养德才兼备的干部队伍，还要进行人才资源开发。努力造就一支数量充足、结构合理、素质较高的人才大军。这样，才能为少数民族地区加快发展、全面建设小康社会提供可靠的智力支持和人才保证。

在提高全体人民的思想道德素质、科学文化素质和健康素质的基础上，重点培养人的学习能力、实践能力、创新能力。为此努力培养党政人才、企业管理人才和专业技术人才，从而形成一支门类齐全、结构合理、素质优良、能够满足经济社会发展需要的宏大人才队伍。

人才资源开发中坚持以人为本，把促进人才健康成长和充分发挥人才作用放在重要位置。充分调动各类人才的积极性、主动性和创造性，立足于人，理解人才、尊重人才、关心人才、保护人才、用好人才，科学地开发和利用人才资源，促进人的全面发展和作用的更好发挥。

在人才培养中，重视制度建设。这些制度包括人才的培养制度、选拔制度、评价制度、使用制度、奖励制度等。建立公正、平等、竞争、择优用人的机制，完善激励和分配机制。还尽可能满足人才的个性要素，包括实现自我价值的要求，能力与职位匹配，素质与岗位对应，把优秀人才及时选拔到相应的岗位上，为他们创造施展才华的舞台。不断激活人才的流动，提升人才发展的后续力量。

在对少数民族干部加强教育思想工作，提倡各族干部竭诚为国家奉献、为人民服务的同时，也从多方面关心少数民族干部和各类人才，其中包括为他们提供必要的物质待遇，为他们安心工作、积极工作创造必要的条件，建立民族地区吸引人才、留住人才的机制。

尊重各族风习信仰

中国宪法规定：各民族"都有保持或改革自己风俗习惯的自由"。无论是保持还是改革自己的风俗习惯，都是各民族的平等权利和民主权利。为了尊重少数民族风俗习惯，中国政府制定了一系列政策措施。

尊重少数民族的饮食习惯。各民族饮食习惯是民族风俗的重要内容。在中国，采取许多措施保证少数民族特需食品的生产和供应。尤其对回族、维吾尔族等10个信仰伊斯兰教、食用清真食品的民族，给予了特别的照顾。

国家要求信仰伊斯兰教公职人员较多的机关、学校、企事业单位，设立清真食堂或清真伙食，人数较少的可以几个单位联合设立清真食堂或备专门灶具；对因客观条件限制，本单位没有设立清真食堂或清真饮食，又不能回家用饭的信仰伊斯兰教的公职人员，发给适当的伙食补助费。对正受监禁的人犯也不例外，同样照顾他们的饮食习惯。

在城市和信仰伊斯兰教民族来往较多的交通要道、饭店、旅馆、医院及列车、客船、飞机等交通设施上，也普遍设立清真食堂或清真伙食点，国家对经营清真饮食的企业在政策上给予优惠。各地火车、民航售票处等部门知道有信仰伊斯兰教民族旅客时，会及时通知配餐部门；配餐部门在配备食品时，也会准备一定数量的清真食品。食用清真食品的少数民族外出，乘火车、飞机者，只需在订购票时申明自己的民族成分，并在购票单上注明"请供应清真食品"字样，即可获得清真食品的供应。

在经营、销售食品中，尊重和照顾少数民族的饮食习惯。凡供应信仰伊斯兰教民族的牛羊肉，屠宰、储存、运输等各个

草原牧羊

环节，按这些民族的习俗办理。如屠宰牛羊由信仰伊斯兰教职工按照信仰伊斯兰教民族的操作习惯进行。由信仰伊斯兰教的人员负责牛羊肉等食品出入库的检查，在调拨单和出入库单上，注明特别标志，以便同其他肉类分库保管，分车装运，分别出售。供应其他食品也都照此办理。在信仰伊斯兰教民族较多的大、中城市，国家有关部门设立专门经营牛羊肉的批发部门或零售机构；在信仰伊斯兰教民族较少的地方，则委托回族公民或信仰伊斯兰教的其他民族人员从事清真食品的加工、销售。

尊重和照顾少数民族的年节习惯。中国各民族由于历史、文化传统及宗教信仰不同，形成了不同的民族年节。中国尊重和照顾少数民族年节习惯，各民族可以自由地按本民族的传统欢度节日。国家规定：各地人民政府应按少数民族年节习惯，制定放假办法、节日特殊食品供应等优待办法。对信仰伊斯兰教的公民在其三大节日时，屠宰自己食用的牛羊免征屠宰税；对有宰牛限制性规定的地区，由各省级人民政府届时适当放宽标准。

不以春节为传统节日的少数民族地区，春节是否升挂国旗，由民族自治地方的自治机关规定。民族自治地方在民族自治地方成立纪念日和主要传统民族节日，可以升挂国旗。

尊重少数民族的婚姻习俗。各个民族的婚姻习惯是民族文化的重要组成部分，并且各有特点，表现在结婚年龄、择偶方式、婚礼仪式、婚后生活等许多方面。中国依法尊重和保护少数民族的婚姻习惯。《中华人民共和国婚姻法》规定："民族自治地方人民代表大会和它的常务委员会可以依据本法的原则，结合当地民族婚姻家庭的具体情况，制定某些变通条例或补充的规定。"中国各个自治区和自治州大都结合本地区、本民族的实际，制定了执行《中华人民共和国婚姻法》的变通条例或补充规定。这些地方性法规涉及婚龄、婚俗等方面的内容，主旨是考虑少数民族的婚姻习俗。

对于汉族和少数民族的通婚问题，国家要求尊重少数民族的风俗习惯：一些少数民族的婚龄可适当降低；对一些少数民族不与外族通婚等婚姻习俗要给予尊重，并慎重对待；对不同民族男女自愿结婚的，任何人不得以任何理由进行干涉。不同民族所生子女的民族从属，子女未成年时，由父母商定；成年后，由子女自定。

尊重少数民族的丧葬习俗。中国各民族丧葬习俗也是各有特点，有火葬、土葬、水葬、天葬等不同葬法。在中国，除对汉族推行火葬外，其他民族的丧葬习俗都得到尊重。如信仰伊斯兰教民族习惯土葬，国家划拨专用土地，建立公墓，还设立专为这些民族服

布依族迎亲

新疆 110 岁的罗布泊老人

甘肃保安族砖雕艺人

务的殡葬服务部门。中国凡有回族等信仰伊斯兰教民族居住的大、中、小城市都建有回民公墓。国家有关部门制定政策规定: 绝不能强迫回族等信仰伊斯兰教民族实行火葬,有些地区信仰伊斯兰教民族死后土葬深埋,不明显留有坟头的做法,群众比较容易接受,可以推广。在藏族地区,对进行天葬的天葬场按照藏族的习俗给予保护。

大众传播媒介中防止侵犯少数民族风俗习惯的事情发生。在尊重少数民族风俗习惯的同时,反对以任何形式歧视和侮辱少数民族。新中国成立初,中国政府对带有歧视或侮辱少数民族性质的称谓、地名、碑碣、匾联进行了全面而认真的清理。禁止使用歧视或侮辱少数民族的称谓和地名,封存和收管了带有侵犯少数民族风俗习惯的碑碣、匾联等。在大众传播媒介中, 明确对少数民族的正确称谓。

国家要求从事新闻、出版、文艺和学术研究的人员,认真学习国家的民族政策,正确地认识和尊重少数民族的风俗习惯,到少数民族地区调查研究、体验生活,全面、深入地了解和正确反映少数民族的生产、生活和风俗习惯,尊重少数民族的风俗习惯,防止丑化、侮辱少数民族的作品出现。对有意歪曲、侵犯少数民族的风俗习惯,伤害少数民族感情,情节严重、造成恶劣后果的,要求直接责任者赔礼道歉,直至依法追究其刑事责任。

尊重少数民族改革自己风俗习惯的自由。各民族的风俗习惯内容庞杂,有些不利于生产、生活和民族团结进步，需要改革。中国的政策是：少数民族有保持、也有改革自己风俗习惯的自由，但这种改革由少数民族自己决定并实施，政府不予强迫和干涉。少数民族自愿地要求进行风俗习惯的改革，国家同样保护他们的这种权利，他人不得阻挠和干涉。

中国尊重少数民族风俗习惯的政策受到各民族人民的普遍拥护和欢迎，尊重少数民族风俗习惯已成为一种良好的社会风尚。

保障各族公民宗教信仰自由。宗教对中国各民族有广泛的影响，有些少数民族信仰宗教的人数量众多、信仰虔诚。民族和宗教关系密切，因此既要处理好民族问题，也要处理好宗教问题。在中国，实行各民族公民宗教信仰自由政策。每个公民有信仰宗教的自由，也有不信仰宗教的自由；在一种宗教里面，有信仰这个教派的自由，也有信仰那个教派的自由；有过去不信教现在信教的自由，也有过去信教现在不信教的自由。

中国还以刑事法律制度保障公民的宗教信仰自由。《中华人民共和国刑法》规定，国家工作人员非法剥夺公民正当的宗教信仰自由，情节严重的，处二年以下有期徒刑或者拘役。

公民一切正常的宗教活动受到法律保护。国家保护正常的宗教活动。根据宗教信仰自由政策和有关法律的规定，信教群众的一切正常的宗教

四川甘孜藏区寺庙建筑

活动，如佛教的烧香、诵经、拜佛、受戒、修行，伊斯兰教的念经、礼拜、封斋、撒乜贴、朝觐等，都按教规和宗教习惯，在宗教活动场所或自己家中进行，任何人不得加以干涉。经政府主管部门批准，寺、观、教堂还可以售卖有关的宗教书刊、宗教用品和宗教艺术品。

为了满足信教群众正常的宗教活动需要，国家对佛教的庙宇、伊斯兰教的清真寺、

甘肃临夏回族开斋节

北京牛街清真寺窑殿

其他宗教的寺庙以及各种与宗教有关的文物古迹，采取保护政策。一些名寺古刹被列为国家和地方的文物保护单位，并可得到国家的资助，进行修缮。例如，藏传佛教的西藏哲蚌寺、大昭寺、扎什伦布寺和青海塔尔寺、甘肃拉卜楞寺、北京雍和宫，小乘佛教的云南景洪曼飞龙塔和景坎广姆佛塔，伊斯兰教的北京东四清真寺、牛街清真寺和新疆喀什艾提卡尔清真寺、甘肃临夏南关清真寺、青海西宁东关清真寺、广州怀圣寺等，都得到了政府的保护，并获得资助，进行了修缮。

国家对宗教事务依法进行管理。对宗教事务依法进行管理，是为了使宗教活动纳入法律和政策的范围，而不是去干预正常的宗教活动和宗教团体的内部事务。

中国实行政教分离，不允许宗教干预行政、司法事务，妨碍教育和婚姻家庭制度，不允许任何人强迫18岁以下儿童入教、出家和到寺庙学经，不允许恢复已被废除的宗教封建特权和宗教压迫剥削制度，不允许利用宗教损害社会安定，破坏国家统一和国内各民族之间的团结。对于一切在宗教外衣掩盖下的违法犯罪活动，以及各种不属于宗教范围的、危害国家利益和人民生命财产的邪教活动、迷信活动，依法给予处置。

为了加强对宗教活动的管理，保障宗教活动的正常进行，在各级政府中都成立了管理宗教事务工作机构，建立了全国性的爱国宗教组织，如中国佛教协会、中国伊斯兰教协会、中国道教协会、中国天主教爱国会、中国天主教教务委员会、中国基督教"三自"爱国运动委员会和中国基督教协会，还有若干地方组织。一切经过依法登记的宗教活动场所，都受到法律保护，由爱国宗教组织和宗教职业人员按民主管理的原则进行管理。

任何人都不得到宗教场所进行无神论的宣传，或者在信教群众中发动有神还是无神的辩论。任何宗教组织的教徒也不应当在宗教活动场所以外布道、传教、宣传有神论，或者散发宗教传单和其他未经政府主管部门批准出版发行的宗教书刊，不得非法开办经文学校和修道院、神学院。

坚持独立自主自办教会的原则。中国宗教团体和宗教事务坚持独立自主、自办教会的原则，不受境外势力的支配。不允许任何境外宗教团体和个人干预中国宗教事务，在中国设立办事机构，建立寺观教堂，进行传教活动。在平等友好的基础上开展宗教事务方面的对外交往，中国宗教团体和寺观教堂可以接受境外宗教组织和宗教徒的捐赠。

为了培养青年一代宗教职业人员，中国在1955年创办中国伊斯兰教经学院，1956年创办中国佛学院。现在，各地建立了多所佛学院和伊斯兰教经学院，培养了大批有宗教学识的宗教职业人员。

三、中国民族政策的基本特点

基于中国的实际情况制定的民族政策，有着多方面的特点。

立足现实 借鉴历史

研究民族理论、制定民族政策都在于处理好民族问题，所以现实的状况是必须首先加以考虑的。唯其如此，理论才能说明问题，政策才能解决问题。中国发展少数民族经济的政策的提出及其不断完善，就充分说明了这一点。中国各民族经济结构存在差异，经济发展很不平衡，总的情况是少数民族地区的经济发展相对滞后，这成了民族关系中必须重视、必须处理好的问题。所以发展问题便成了民族政策的重要内容，于是便有了有利于民族地区加快发展的财政、税收、金融等政策，有了西部大开发战略的实施及配套的各项政策。

中国民族政策产生于中国多民族的土壤，充分考虑了中国各民族经济文化的现状，但同时又在以下两个方面吸取了有益的成果和经验：

一是历史上有益的经验。因为今天是昨天的延续，历史会对现实产生影响，所以在制定政策时很有必要

西藏布达拉宫

考虑历史的经验、历史的状况。如在实施民族区域自治政策、建立民族自治地方时，历史上民族的居住情况、人口情况、相互关系情况成为考虑的要素。

历史还可以告诉未来，给人们以有益的启示。所以在制定民族政策时也借鉴中国历史上处理民族关系的成功经验。中国在历朝历代都面临复杂的民族问题，但有的处理得比较好，这有利于民族和国家的稳定与发展；有的处理得不好，导致了民族冲突、国家动乱。正反面的经验都是理论研究的内容，也是制定政策借鉴的对象。

二是国际上有益的经验。我们的世界是多民族世界，民族问题一直影响着世界的进程。许多国家在处理民族问题上也是有得有失，可供研究，可供借鉴。中国在制定民族政策时注意吸收国外有益的经验。国际上对民族问题普遍关注，国际法中也有许多关于民族关系的内容，作为联合国常任理事国的中国，在制定民族政策时，充分考虑相关国际法的要求。中国是《消除一切形式种族歧视国际公约》《经济、社会和文化权利国际公约》等国际公约的缔约国。这些国际公约的重要原则，如消除民族压迫、反对民族歧视，尊重和保护少数民族人权，各民族平等地参与社会事务、享受社会发展成果等规定，都在中国民族政策中得到体现。

坚持原则　辅以灵活

中国的民族政策有着高度的原则性，这种原则性表现为指导性、权威性和国家要求遵行的强制性。比如坚持民族平等团结，促进各民族共同发展繁荣，实行民族区域自治等内容，任何国家机关、社会团体、公民个人都有义务执行。这种原则性也表现为内容重要但基于各地的情况不同难作很明细的规定，故只作原则性的规定，从而给有关部门和地区制定更具体的政策留下空间。如少数民族干部培养使用，中

甘肃裕固族

央确定原则，但具体规定则由各省、自治区、直辖市依据当地的实际情况确定。

中国的民族政策又有一定的灵活性，这种灵活性来源于各民族情况的千差万别，这种灵活性是原则指导下的灵活性，也是对具体情况、不同情况的适应性。比如在民族区域自治方面，不同区域里的民族结构不同，因此政策规定一个区域里主要有一个民族居住，可以建立民族自治地方，有两个或多个民族居住也可以联合建立民族自治地方，中国有由4个民族联合实行自治的地方，这就体现了灵活性，更有利于保障少数民族的自治权利。又比如，中国有22个人口在10万以下的民族，总共60多万人，并且主要居住在边远地区，经

济文化发展滞后，中国在政策上对这些民族采取了更优惠的特殊措施，如改善交通和生活条件，促进其经济社会发展，体现出政策的灵活性。

相对稳定　不断发展

政策需要稳定性和权威性，使政策在一定时期内连续不断地发生作用，从而有助于解决民族问题，频频变动，朝令夕改，会损害政策的权威性、有效性，也会对现实的民族关系造成损害。因此，强调民族政策的相对稳定。如民族区域自治政策，新中国成立后始终坚持，这已成为中国解决民族问题的一项基本政策，还将继续坚持并加以完善，以促进民族区域自治制度的完善和发展。

但情况总是在不断发展变化，特别是20世纪70年代末以后，中国进行的经济体制改革，使社会生活发生了很大变化，中国的民族政策也进行着相应调整，以适应市场经济的要求。对少数民族的发展既完善原有的政策，也制定新的政策，以适应新的情况。如对民族地区在财政上实行规范的转移支付制度，在少数民族居住的边境地区给予专项财政支持以促其加快发展，是民族政策的新内容和新发展。

又如，随着现代化进程中城市化进程加快，进入城市的少数民族人员增多，各民族交往不断扩大。国家便适时发布相应政策，要求根据新情况保障进入城市的少数民族的平等权利，包括他们的政治权利、经济权利和文化权利，使他们更好地生存、发展，融入城市，同时加强教育和管理，以促进各民族在新形势下的交往与团结。

各类政策　相互配套

中国民族政策的原则主要由中央政府确定，这些政策中央各个部门、全国各个地方都要加以贯彻。在许多时候，民族政策会涉及很多部门。比如在少数民族经济发展方面，会涉及经济规划部门，财政税收部门，交通运输部门等等。这就要求各有关部门的政策相互协调、相互衔接，从而避免矛盾冲突。

青海土族射箭运动员

鄂温克族儿童

从职权划分上，民族政策既涉及中央政府，也涉及地方政府。各地少数民族多少不等，经济社会发展各不相同。所以，中央又允许和要求地方政府根据这些政策原则制定适合当地实际情况的政策。地方制定的民族政策一方面体现中央政策原则的要求，同时又着眼于当地实情，这样不仅使中央的政策得到贯彻，而且民族政策可以在不同地方、不同民族中得到更好地落实，并且使不同层次的民族政策成为一个相互链接的和谐体系。

以计划生育政策为例。城市实行的政策和农村的政策存在差别，农村和牧区的政策又有不同，经济发达地区和边远地区也不一样。对少数民族总体上也实行计划生育政策，但比汉族要宽，至于具体可生几胎由当地省级政府制定。像青藏高原这样的高寒地区不推行计划生育政策，只提倡优生优育。地方具体的政策呼应了中央的政策，并使中央的政策变为明确具体的、便于执行的政策。

政策措施　呼应法律

中国在处理民族问题时，既运用政策，也运用法律。民族政策与民族法律的关系是，将那些实践证明行之有效的政策在适当时期通过立法程序制定成法律，在一定意义上法律体现政策并且是政策的条文化、规范化。比如，民族区域自治本是一项重要政策，在经过了几十年的实践后，专门制定了《中华人民共和国民族区域自治法》，以法律的形式对民族区域自治的相关内容加以规范。

在许多时候，民族政策和民族法规相辅相成，共同协调民族关系。政策和法律，制定的机关、程序不同，但其要追求的目标则是相同的，政策和法律互相呼应，有利于更好地处理民族问题。比如，尊重民族的风俗习惯是一项重要的民族政策，这也成为相关法律的内容，《中华人民共和国刑法》规定：侵犯少数民族风俗习惯，情节严重构成犯罪的，要追究刑事责任。法律的这一规定同时意味着，侵犯少数民族风俗习惯，情节并不严重的，可不受法律追究。怎么办呢？根据相关的政策给予必要的处置。

强化机制　督促落实

中国民族政策的价值取向、追求目标是实现各民族的真正平等，促进各民族的团结合作，使各民族在政治、经济、文化等各方面都得到发展，共享社会进步的成果，也使各民族共同为社会进步、国家发展贡献力量。为实现这个目标，除了在制定政策上予以充分考虑外，还必须努力使之在社会生活中得到遵行，所以十分重视政策的执行。

在民族政策的执行机制方面，主要表现为政府主导，有关职能部门负责。即国家制定政策，由各相关部门具体执行。如关于发展少数民族经济的政策由经济管理部门负责，关于发展少数民族教育的政策由教育部门负责。同时政府进行协调和督促，对执行民族政策中可能出现的问题及时加以解决，对各个地区执行民族政策的情况加以检查和督促。

在民族政策贯彻和执行方面，除了政府部门的工作以外，各级人民代表大会和政治协商会议也进行督促，以使民族政策在社会生活中更好地落实。

中国的民族工作机构的主要职责是制定和执行民族政策。中国从中央到地方政府，普遍设有民族工作机构，这就是民族事务委员会。它是政府中管理民族事务的职能部门，其主要职责包括协调民族关系、制定民族政策、促进政策的落实。比如国家民族事务委员会设有经济发展司、政策法规司、文化宣传司、教育科技司、人事司等部门，这些部门有一个很重要的职能是在少数民族的经济和社会发展、民族关系方面制定政策，并督促落实。

中国民族政策制定及实施，对解决中国民族问题、处理好民族关系，作出了规范，有力地促进了各民族的发展进步、平等团结。以改革开放时期为例，这期间是中国发展最快的时期，也是少数民族发展最快的时期。中国民族地区的经济增长率略高于全国的平均水平，许多少数民族地区面貌焕然一新，工业迅速发展，农牧业和第三产业得到加强，教育、文化、科技等方面不断取得进步，并展示出良好的发展前景。对此，民族政策的制订和实施起了十分重要的作用。

古老的黄河水车

下篇 中国各民族简况

　　东方的中华，一共有 56 个民族单元。这 56 个民族各具特色，各呈神采，犹如56朵缤纷的鲜花盛开在中华大地上，并且交相辉映，构成了一幅绚丽无比的神奇画卷。

　　当然，在时代的变迁中，在祖国大家庭里，各民族在创造新生活中，物质生活和精神面貌正不断发生着变化。

东方中华

DONGFANG

ZHONGHUA

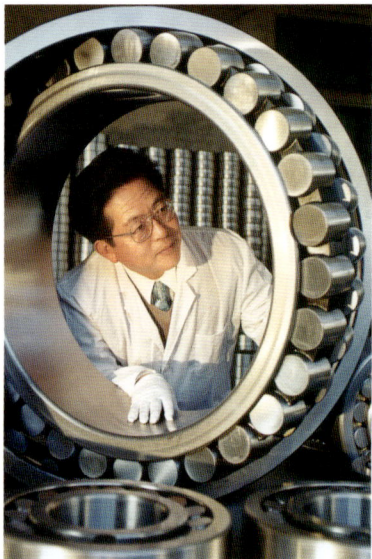

汉 族

　　汉族是中国人口最多的民族，也是世界上人数最多的一个民族，人口超过11亿，约占全国总人口的91.59%。遍布在全国各地，主要聚居在黄河、长江、珠江三大流域和松辽平原。

　　汉族的先民，是中国古代发源于华北地区的华夏族，经过长期历史发展，同许多其他民族共同融合而成的。中国历史上曾有过多次民族迁徙和融合，使汉族不断获得发展的动力和活力，逐渐成为中国人口最多、经济文化最发达的民族。

　　汉族的称谓始于汉代，并沿用到今天。汉族的语言称汉语，属汉藏语系。汉字起源于远古，通行的方块文字是从三四千年前殷商的甲骨文字演变而来的，汉字的书写成为书法艺术，历史上有许多著名的书法家。汉字对中国各民族的交往合作和发展进步，对中华民族凝聚力、向心力的增强，发挥了极为重要的作用。

　　汉族历史上以农耕为主，农业及手工业都十分发达。造纸、印刷术、指南针和火药四大发明是汉族对人类的重要贡献。瓷器制造早在宋代就闻名世界，现在外国人称中国"CHINA"，这个英文单词也是"瓷器"的意思。

　　汉族文化繁盛。2000多年前形成的孔孟学说，对汉族乃至整个中华民族的思想、文化影响巨大。汉族在文学、哲学、史学等方面都有辉煌的成就。汉族的传统绘画被称为"国画"，历代都有许多著名的画家。汉族的天文、历法、算术、哲学、医学也有悠久历史和重要成果。汉族文化中吸纳了众多民族的元素。

　　近代，汉族和各少数民族共同奋斗，建立了新中国，对中华民族的发展作出了重大贡献。

蒙古族

　　蒙古族起于草原，被称为"马背上的民族"。主要聚居在内蒙古自治区和新疆、青海、黑龙江、吉林、辽宁等省、自治区，人口581.39万。蒙古语属阿尔泰语系，有本民族文字。

　　1206年成吉思汗统一了分散的各个部落建立蒙古汗国，蒙古地区各个部落融合为蒙古族。几十年后，蒙古族统一全国，建立元朝。

　　蒙古族居住的内蒙古自治区，草原辽阔，有奔腾的骏马，雪白的羊群，也是中国著名的畜牧业基地之一，还是中国重要的煤炭、钢铁基地。

蒙古族在语言、文学、医学、数学、天文历算、机械和兵器制造、传统医学等方面有很高的成就。

蒙古族善于骑射，也能歌善舞，说唱艺术"好来宝"和历史悠久的乐器"马头琴"深受人们喜爱，演唱的长调字少腔长，节奏舒缓自由，嘹亮悠扬。每年的"那达慕"大会是蒙古族集文艺、体育、娱乐、商贸为一体的盛大节日。

回 族

回族是中国分布最广泛的民族。主要聚居地是宁夏回族自治区和甘肃、青海、新疆、云南、河南、河北、山东、京津等地，还散居在全国各地。人口981.68万。通用汉语、汉文。

回族自称"回回"。公元7世纪后，阿拉伯和波斯商人陆续进入中国，13世纪一些中亚人、波斯人和阿拉伯人迁入中国。这些人在长期发展中吸收汉、蒙古、维吾尔等民族成分，逐渐形成了中国的回族。

回族传统产业较多，以农业为主，但也长于经营手工业和商业。

回族有许多杰出人物，为中华民族文化的发展作出了贡献。回族建筑学家亦黑迭儿丁，设计并领导修建了元大都，元大都发展为后来的北京城。明代著名航海家郑和，曾在20多年里，率领庞大的船队，七次"下西洋"，访问了亚洲、非洲等30多个国家。回族还有一批著名的思想家、戏剧家、学者。

回族群众性地信仰伊斯兰教。

藏 族

藏族自称"博巴"，汉文书籍中称作"吐蕃"。藏族居住在世界屋脊，是住得最高的民族，主要聚居地是西藏自治区及青海省、甘肃省、四川省、云南省。人口541.6万。语言属汉藏语系，有本民族的文字。

藏族在很早就与中原王朝发生密切关系，7世纪有唐文成公主入藏嫁给松赞干布。13世纪中期，西藏正式成为中国的一部分。

藏族以牧业为主，兼营农业。藏绵羊、山羊和牦牛、犏牛是青藏高原特有的牲畜。农业以

种植生长期短、耐寒抗旱的青稞为主。酥油茶、青稞酒是藏族人民喜爱的食物。

藏族有灿烂的文化。历算、文学、建筑、医学都很有名，藏文经典种类繁多，《格萨尔王传》是世界上最长的、也可称作最后的一部英雄史诗。布达拉宫气势雄伟，金碧辉煌，是7世纪松赞干布为迎娶唐朝文成公主而建造的。藏族能歌善舞，以踢踏舞驰名，根植于民间的藏戏很有特色。

藏族群众性地信奉藏传佛教，教派众多。藏族地区有许多规模宏大、雄伟壮观的寺庙。

维吾尔族

维吾尔族聚居在天山南北，主要分布于新疆维吾尔自治区，也有少数人居住在湖南桃源、常德等县。人口839.92万。语言属阿尔泰语系，文字是以阿拉伯字母为基础的拼音文字。

维吾尔族自称"维吾尔"，意为"团结"、"联合"。新疆地区古代称作"西域"，在西汉时期的公元前69年成为中国的一部分。

维吾尔族历史上主要从事农业生产，也从事商业和手工业。善于植棉、园艺。新疆地区干旱少雨，有世界第二大沙漠——塔克拉玛干沙漠，维吾尔族人民发明了坎儿井，以暗渠引雪山冰雪融化水灌溉，在沙漠边缘建立了一个又一个绿洲。

维吾尔族有丰富的文化遗产和文化传统，产生过许多优秀的文学作品。维吾尔族能歌善舞，舞蹈优美，旋转多变，民间音乐丰富多彩。大型古典音乐套曲"十二木卡姆"被誉为"维吾尔族音乐之母"。流传广泛的民间故事"阿凡提的故事"十分有趣，机智人物阿凡提广为人知。

维吾尔族居住的新疆地大物丰，著名的和田玉就产在南疆。

苗 族

苗族主要聚居在贵州、湖南、湖北及广西、海南等地。人口有894.01万。语言属汉藏语系苗瑶语族苗语支，1956年，创制了4种方言的拉丁字母拼音文字。

苗族人民传统产业以种植水稻、玉米为主，并兼营油桐、油菜、八角等多种经济作物和田七、天麻、杜仲等名贵药材。

苗族的服饰和头饰种类多达数十种，银子制作的饰品工艺精湛，造型生动。

唱歌是苗族人民的特别爱好，苗族"飞歌"高亢嘹亮，豪迈奔放，曲调明快，很有感染力。芦笙是苗族的民族乐器，芦笙舞是边吹芦笙边跳的舞蹈。

苗族的刺绣、挑花、蜡染、剪纸等工艺美术瑰丽多彩。蜡染工艺已有上千年历史，蜡染布色彩多样、图案丰富，深受人们的喜爱。

彝 族

每年都要过火把节，男人身披像斗篷似的"查尔瓦"，头上扎一个英雄结，这是彝族的重要特征。

彝族的先民和古羌人有密切关系，主要聚居在云南省、四川省，贵州省也有分布。人口有776.23万。语言属汉藏语系，有本民族的文字。

彝族有很多自称，过去写作"夷"，新中国成立后，以"彝"作为统一的民族名称。

彝族以农业为主，由于绝大部分分布在山区，以种植荞麦、土豆、豆类等杂粮为主，也种马尾松、云杉等经济林木。

彝族有深厚的文化传统，用老彝文记载的历史、文学、医学等书籍数量众多，还有许多流传于民间的口头文学。《阿诗玛》是中国有名的史诗之一。彝族的音乐舞蹈很有特点，舞蹈与歌唱相伴，表演起来载歌载舞。

涂有黑、红、黄三色彩漆的盆、盘、碗、勺等深受人民喜爱的生活用品，也是彝族人民传统的工艺美术品。

壮 族

壮族主要聚居在广西壮族自治区、云南省文山壮族苗族自治州及广东等地，人口1617.88万，是中国少数民族中人口最多的民族。壮语属汉藏语系，文字是1955年创制的拉丁字母拼音文字。

壮族有很多自称，有"布壮"、"布侬"、"布曼"等20余种。新中国成立后，统称"僮族"。1965年，根据周恩来总理的倡议，经国务院批准，改称"壮族"。

壮族居住的地区主要是江南丘陵，那里有肥沃的土地，秀美的山川，奇特的溶洞。秀甲天

下的桂林就在壮族地区。

　　壮族的铜鼓有两千多年的历史。壮锦绚丽夺目。还有融音乐、文学、舞蹈为一体的壮戏。

　　壮族的山歌名闻天下。壮族地区有定期举行的唱山歌会，歌会称为歌圩。三月三的歌圩最为隆重，有时会有数以万计的人赶去参加，被称为歌仙的刘三姐是壮族歌手的典型代表。

布依族

　　布依族主要聚居于贵州省，人口为297.15万。布依族一般认为是古代"百越"的一支，与壮族有同源关系。语言属汉藏语系，使用汉文。1956年，创制了拉丁字母拼音文字方案。

　　布依族过去有"布依"、"布仲"、"布饶"、"布曼"等多种称谓。新中国成立后，统称布依族。

　　布依族以农业为主，主要种植水稻。

　　布依族的工艺美术久负盛名，擅长蜡染艺术，也精于铜鼓制作，鼓身饰有各种花纹图案，每逢节日喜庆之时，便敲鼓、跳舞。

　　布依族的口头文学丰富多彩，有神话、传说、故事、童话、寓言。

　　布依族的民间音乐形式多样，内容丰富。山歌曲调优美，生动有趣，逢喜庆节日可连唱好几天并且唱词不相重复。

　　著名的黄果树瀑布在布依族地区。

朝鲜族

　　朝鲜族主要聚居在吉林省延边朝鲜族自治州，在黑龙江省、辽宁省、内蒙古自治区等地也有分布，人口192.38万，有自己的语言文字。朝鲜族主要是从17世纪末开始，由朝鲜半岛陆续迁入吉林省延边等地区定居，后又逐渐迁徙至东北等地区的。

　　朝鲜族勤劳勇敢，克服了寒冷、无霜期短等困难，使水稻在中国东北地区生长繁衍。朝鲜族聚居地区有大面积原始森林，所产的人参、貂皮、鹿茸被称为东北"三宝"。

　　朝鲜族重视教育，人均受教育程度在全国位于前列。

　　朝鲜族能歌善舞，延边朝鲜族自治州有"歌舞之乡"的美誉。足球运动是朝鲜族男子普遍喜好的运动，妇女则喜爱荡秋千和跳板运动。

朝鲜族的饮食文化特色鲜明，尤其是各种"汤"堪称一绝，打糕、冷面、泡菜为许许多多的人所喜欢。

"男主外，女主内"是朝鲜族的传统习惯，尊重长辈，爱护儿童，讲究父慈子孝。

满 族

中国历史上，曾经有两个少数民族建立过全国统一的政权，一个是蒙古族，一个便是满族。满族人口1068.23万，分布于全国各地，以辽宁省、河北省为多。

东北的白山黑水是满族的故乡。满族的直系先民是"女真"，女真人发展强大后，于1644年攻灭明王朝，统一全国，建立了清王朝。

满族原有自己的语言文字，17世纪以后，逐渐改用汉语汉文。

满族文化发达，有说唱文学和作家文学。著名满族文学家曹雪芹的著作《红楼梦》已成为世界文学名著。满族在史学、音乐、舞蹈、戏剧、书画等方面都有极高的成就，书法家启功和艺术家侯宝林等都是满族，他们的杰出才华为中华民族文化增添了光彩。

满族的旗袍端庄秀丽，许多中国妇女都喜欢；珍珠球是满族传统体育项目；"萨其玛"是满族的传统糕点；用满族和汉族的名菜做成的筵席叫"满汉全席"，共有108道菜。

侗 族

一提起侗族，人们可能会立即想到侗族很有特色的建筑——鼓楼、风雨桥。这两种建筑造型独特，宏伟壮观，是建筑艺术中的精品。其中广西三江的程阳风雨桥最为有名。

侗族分布在贵州省以及广西等地。人口为296.63万。语言属汉藏语系，使用汉文。1958年，创制了拉丁字母拼音文字方案。

侗族主要从事农业，善于稻田养鱼。林业以产杉木著称。

侗族地区有"诗的家乡、歌的海洋"的美誉，人们也常常以"侗家人人会唱歌"而自豪。曲调优美、节奏自由、多声部的"侗族大歌"非常有特色，是中华音乐的瑰宝。此外，曲艺、神话、传说、寓言以及芦笙、琵琶、侗笛、牛腿琴、舞蹈、侗戏等构成侗族多姿多彩的文化。

瑶 族

瑶族主要分布在广西、湖南、云南、广东等省、区。人口263.74万。语言属汉藏语系，没有本民族文字。

瑶族因经济生活、地域、服饰的不同，有许多不同的称呼，如"盘瑶"、"山子瑶"、"过山瑶"、"平地瑶"、"白裤瑶"等。过去曾有"岭南无山不有瑶"来描绘瑶族的分布之广。

瑶族以种植水稻、玉米为主，也种杉、松、竹、油茶等多种经济林木。

瑶族服饰款式繁多、图案古朴、工艺精美。

瑶族有丰富的口头文学，纪念盘王的《盘王歌》长达数千行，记述了瑶族悠久的历史和丰富的社会生活。唱歌是人们的普遍爱好。有时男女对唱，可以通宵达旦。瑶族节日很多，几乎每个月都要过节。食品中有风味独特的"打油茶"。

白 族

在风景秀丽的苍山洱海，聚居着历史悠久的白族。白族主要聚居于云南省大理白族自治州，贵州、四川和湖南桑植也有分布。人口为185.81万。语言属汉藏语系，1957年，创制了拉丁字母文字方案。

白族文化发达，在天文、历法、气象、医学、文学艺术等方面广有成就。建筑、雕刻艺术独具一格。中外闻名的大理崇圣寺三塔，造作精巧，虽经历千年风雨仍巍然屹立。白族的音乐有特色浓郁的"白族调"，舞蹈有著名的民间舞蹈"霸王鞭"，还有饮誉远近的茶艺"三道茶"。

大理除了有著名的苍山、洱海，还有美丽的蝴蝶泉。大理产的一种优质石头是很高级的建筑材料，被命名为"大理石"，其他地方产的类似石头也因此被称作"大理石"。

每年农历三月举行的"三月街"是白族盛大的节日。

土家族

土家族自称"毕兹卡"，汉语称为"土家"，族源与古代"武陵蛮"、"五溪蛮"有关。土家语属汉藏语系，没有本民族文字。主要聚居地是湖南省西部和湖北省西部，在四川、贵州也有分布。人口802.81万。

织绣艺术是土家妇女的传统工艺，"西兰卡普"是土家语，是以土布编织的"土花铺盖"，这是土家特有的手工艺品，编织精巧，图案众多，色彩艳丽。土家族的文化艺术十分丰富，有许多很有民族特色的文学艺术，其中以摆手舞、史诗、山歌最为有名。"摆手舞"是一种集体舞蹈，包括狩猎、军事、农耕等70多个动作，节奏鲜明，动作优美。每年春节，在村集中设的"摆手堂"前，举办"摆手舞"会，参加的人有时会有万人之多。

土家族传统产业为农业。农作物有水稻、玉米、薯类、麦类等。

哈尼族

在云南的元江南岸，到处是层层叠叠的梯田，有的从河边一直延伸到山顶，田地好像挂起来一样。这是哈尼族人民的杰作。

哈尼族主要聚居在云南省红河哈尼族彝族自治州和墨江、普洱、江城等县。人口143.97万。语言属汉藏语系，1957年，创制了两种方言的拉丁字母拼音文字方案。

哈尼族有丰富的口头文学，其中叙述人战胜洪水的《洪水记》，讲述万物来源的《创世纪》。三弦琴、巴乌是人们喜爱的乐器，三弦舞、拍手舞、扇子舞则是人们钟情的舞蹈。

哈尼族地区有丰富的矿产，中国著名的锡都——个旧，曾是红河哈尼族彝族自治州的首府。

许多哈尼族保持着父子连名制，即父亲名字的最后一个或两个字，是儿子名字的起头字。

哈萨克族

哈萨克族居住的伊犁地区是出产天马的地方。哈萨克族主要聚居在新疆伊犁哈萨克自治州，人口125.05万，语言属阿尔泰语系，文字是以阿拉伯字母为基础的拼音文字。

哈萨克族大部分从事畜牧业，历史上除了少数经营农业的已经定居之外，绝大多数牧民都按季节转移牧场，过着逐水草而居的游牧生活。

歌和马是哈萨克人的两只翅膀。哈萨克族爱好音乐，能歌善舞。民族乐器"冬不拉"的两根琴弦可以弹奏出各种优美动听的旋律，"姑娘追"则是青年们最喜爱的娱乐活动。具有哈萨克族风格的文学作品，多以口头传诵的形式流传于民间。

哈萨克族热情好客，贵宾来时，会专门宰一只羊盛情接待。

傣 族

傣族主要聚居在云南省西双版纳傣族自治州、德宏傣族景颇族自治州。人口115.9万。语言属汉藏语系，文字是来源于梵文字母的拼音文字。

傣族居住的西双版纳有茂密的原始森林，那里有大象以及许多珍贵的热带动植物。历史上曾经用牛和大象耕田。因为还有美丽的孔雀，因而也被称作"孔雀之乡"。

傣族以种植水稻为主，还种植甘蔗、橡胶、香茅等经济作物。耕作技术比较精细。

傣族有自己的历法，有内容丰富的诗歌、传说、故事、寓言、童话。傣族能歌善舞，"赞哈"(民间歌手)演唱是群众喜闻乐见的文艺活动。特色鲜明的孔雀舞用象脚鼓和锣伴奏，舞姿优雅，就像孔雀一样。傣历新年——泼水节是一年中最热闹的节日，要举行泼水、赛龙舟、放高升等活动。

傣族信仰小乘佛教，很多节日与宗教有关。

黎 族

在波涛汹涌的南海上，有祖国的第二大岛——海南岛。勤劳勇敢的黎族人民就劳动生息在这个美丽富饶的宝岛上。人口124.78万。语言属汉藏语系，1957年创制了拉丁字母拼音文字方案。

黎族主要从事农业，以种植水稻、玉米为主。

黎族的纺织业有悠久的历史。元代初期，中国历史上著名的纺织家黄道婆从内陆到海南岛的崖州，学到了黎族的纺织工艺，后来将黎族人民的棉纺技术传播到江浙地区，促进了中原纺织技术的发展。黎族妇女色彩鲜艳的筒裙、头巾，都是自己用传统的技术精纺细织而成的。

黎族世代流传着极为丰富的口头文学和艺术，歌和舞都很有特色。人们喜爱的竹竿舞来源于生产和生活，具有文娱和体育相结合的特点。

傈僳族

傈僳族主要聚居在云南省怒江傈僳族自治州和维西傈僳族自治县。人口63.49万。语言属汉藏语系，1957年创制了拉丁字母拼音文字方案。

傈僳族主要从事农业，以种植玉米为主，还有水稻、小麦、荞麦等，经济作物有麻、甘蔗等，并出产名贵的山货。

在历史上，傈僳族根据对自然的观察，创造了自然历，把一年分为花开月、鸟叫月、收获月、盖房月、过年月等十个季节月。

傈僳族男女青年都有吹木叶的爱好。随手摘一片木叶，便可以吹奏出清脆嘹亮的声音和优美的旋律。

傈僳族喜爱诗歌，民间流传着大量长诗，并且每一首长诗或民谣都能用一定的曲调吟唱出来。往往在婚礼、节庆、收获时尽情歌舞，吟诗对调。

佤 族

佤族主要聚居在云南省西南部的西盟、沧源、孟连、耿马、澜沧等县。人口有39.66万。语言属南亚语系，有3种方言，没有通用文字。1957年，创制了拉丁字母拼音文字方案。佤族过去长期用实物记事和刻木记事，如送甘蔗、盐表示友好，送辣椒表示气愤。

佤族的"佤"是"山上人"的意思，说明他们历史上一直居住在山区。阿佤山区是佤族分布的中心。

佤族主要从事农业，以种植旱稻、水稻、玉米等农作物为主。日常生活中喜欢嚼槟榔。

佤族的木鼓很有名。将一段粗壮的树干掏空，用木锤敲击出咚咚的声音，雄壮有力，能传得很远很远。西盟佤族每个村寨都有木鼓，用以舞鼓祭祀。

畲 族

有一个民族的成员主要由"盘、兰、雷、钟"四个姓氏组成，这就是主要分布在福建、浙江等省的畲族。人口为70.96万。语言属汉藏语系，通用汉文。

畲族自称"山哈"，意思是居住在山里的客户。畲字包含"人示田"的结构，本身有刀耕火种的意思。新中国成立后，根据本民族意愿，统称为畲族。

一片片青山，一层层梯田，一行行茶树，畲族就在这风景秀丽的地方从事农业生产。畲乡盛产茶叶，曾在1915年的巴拿马国际博览会上获得金奖。

畲族善于唱歌，歌曲都是口传心授，代代相传，喜庆之时，劳动之中，交往之际，常常以歌代话，相互对答。畲族的服饰、手工艺品都很有名，他们编织的斗笠和花腰带，花纹细巧，造型优美。

高山族

高山族主要分布在祖国的宝岛——台湾省。高山族是对台湾少数民族的统称。在台湾的少数民族各有自己的族称，包括：阿美、泰雅、排湾、布农、鲁凯、卑南、曹、赛夏、雅美和平埔等不同名称。人口约50万。在中国内陆居住的有4400多人。语言属南亚语系，没有本民族文字。

据考证，台湾岛与大陆原来是连在一起的，后来由于地壳运动才逐渐分开。台湾少数民族的祖先和中国南方古代民族"百越"有着密切的渊源关系。

"社"是台湾少数民族的主要聚居单位，这些社具有血缘和地缘的两重性。长期以来，采集、狩猎和捕捞是台湾少数民族的基本生计。

高山族重装饰，身上一般有多种装饰物。善于雕塑和绘画，在各种生活用具、乐器、木柱、壁板、独木舟上都雕刻着美丽的图案。

拉祜族

拉祜族被称作"猎虎"的民族，当然这是历史。主要聚居于云南省澜沧、孟连、双江、镇沅等县，人口45.37万。语言属汉藏语系，由于和汉族、傣族接触较多，兼通汉语、傣语的人很多。1957年，创制了拉丁字母拼音文字方案。

拉祜族主要从事农业，以种植水稻、玉米为主。新中国成立前，一些拉祜族地区刀耕火种，把树木砍倒烧光后，再用锄头简单翻一下，种上玉米等庄稼，产量很低。现在生产力已有很大的发展。

拉祜族的传统文化很有特色，舞蹈多是脚踏动作，节奏明快；诗歌有一种形式叫"陀普科"，全是谜语。

在婚姻关系中，有的是女方居于主动地位。婚后，男子长住女家，血缘关系按母系计算。有的则是男方主动求婚，结婚当晚，新郎带着生产工具到女家上门，少的住数天，多的住3年。

水 族

水族主要聚居在贵州省三都水族自治县，人口 40.69 万。水族由古代的"骆越"人的一支发展而来。水族地区山峦起伏，溪流交错，还有茫茫林海、层层稻田，非常美丽。

水族的语言属汉藏语系，水族拥有一种古老文字，有的是象形文字，有的是仿汉字的倒写或反写，称为"水书"，这是水族在宗教活动中使用的文字。

水族有丰富的传统艺术。其中诗歌占主要地位，许多诗歌长短不一，是触景生情、随编随唱的作品。水族歌唱时，一般不用乐器伴奏，而是其他人的和声伴唱。

水族有本民族的历法，以农历的九月为一年的开头，每年在这个月过"端"节，相当于汉族的春节。

东乡族

东乡族主要分布在甘肃省的东乡族自治县、积石山保安族东乡族撒拉族自治县，宁夏和新疆也有分布。人口 51.38 万，语言属阿尔泰语系，没有本民族文字。

东乡族以农业生产为主，东乡族地区的土豆水分少，淀粉多，吃起来沙而甜。唐汪川的桃杏既不同于桃，也不同于杏，皮薄肉厚，甘甜爽口。养羊在东乡族人民生活中占重要地位。

"花儿"是东乡族喜闻乐见的民歌形式，几乎人人会编会唱，歌声高亢嘹亮，自由奔放。东乡族还有不少流传在民间的叙事诗和故事，著名长诗《梅拉尕黑和马成龙小姐》为群众所喜爱。

东乡族的宗教信仰和生活习惯与回族基本相同。

纳西族

在云南省西部，有一座被列入世界文化遗产的县城——丽江。这里风景秀美，物产丰富，是纳西族的主要聚居地，纳西族在四川和西藏一些县也有分布。人口 30.88 万。语言属汉藏语系；创制于公元 7 世纪的象形文字，称为东巴文，有 1400 个单字，被誉为"活着的象形文字"。1957 年，设计了拉丁字母拼音文字方案。

纳西族传统产业为农业。

1000多年前，纳西族就创造了灿烂的文化，人们称之为"东巴文化"，包括政治、经济、文化、社会等丰富的内容。文学体裁多样，《创世纪》是描写纳西族人民开天辟地、改造自然的长篇史诗；纳西族的古乐清新而又古朴；用东巴文写成的《东巴经》，记载了纳西族的历史和文化，有重要的文化价值；在建筑、雕刻和绘画方面，纳西族有相当高的造诣和成就。

景颇族

外出时，腰上挂着长刀，一副英勇的模样。这是景颇族男子的典型形象，妇女则善于编织，能织出精美艳丽的动植物图案。

景颇族主要聚居于云南省德宏傣族景颇族自治州，人口13.21万。语言属汉藏语系，景颇语分景颇、载瓦两种方言。20世纪初，使用了拉丁字母形式的文字，但流传不广。新中国成立后，经改进并推广使用。

景颇族主要从事山区农业。劳动之余的娱乐是舞蹈。舞蹈主要是集体舞，反映生产、生活、战争等活动，有时上千人一起跳舞，伴以雄浑的木鼓声。"目脑纵歌"是景颇族盛大的文体活动，在广场的中央竖起高高的柱子，小伙子、姑娘盛装共舞，通宵达旦，气势磅礴。

景颇族有创世纪、历史传说、民间故事等口头文学，与音乐相结合，又说又唱，优美动听。

柯尔克孜族

柯尔克孜族主要分布在新疆克孜勒苏柯尔克孜自治州，少数散居在新疆其他各县。人口为16.08万。语言属阿尔泰语系，文字是以阿拉伯字母为基础的拼音文字。

柯尔克孜族经营牧业有悠久的历史，也兼营农业和以畜产品加工为主的手工业。

柯尔克孜的民间文学以优美的诗歌为特色。柯尔克孜人引以自豪的是著名历史叙事长诗《玛纳斯》，这是一部规模宏大的民间文学巨著，具有很高的思想性和艺术性，是中国少数民族三大史诗之一，已被译为汉、俄、英、德、法等多种文字。

柯尔克孜族有自己的历法，用12种动物纪年。新月每出现一次为一个月，十二个月为一年，十二年轮回一次。

土 族

连绵的祁连山南面，秀美的青海湖东边，是土族的主要聚居地，包括青海省互助土族自治县和民和、大通、同仁县等地。人口 24.12 万。

土族曾有多种自称，有自称"蒙古尔"（蒙古人）的、也有自称"土昆"（意为土人）的。新中国成立后，根据本民族意愿，统一称为土族。语言属阿尔泰语系。

土族主要从事畜牧业和农业，尤其善于养牛。

土族的民间文学口头相传，其中大部分是可以演唱的叙事诗，其中长篇叙事诗《拉仁布与且门索》优美生动，故事感人。

土族擅长歌舞，"花儿"是土族群众喜爱的民歌形式，种类很多，土族地区被誉为"花儿"之乡，每年都要举行"花儿"赛歌会。

达斡尔族

达斡尔族主要分布于内蒙古莫力达瓦达斡尔族自治旗。人口13.24万。语言属阿尔泰语系，没有本民族文字。

达斡尔族居住的地区，有成片的森林，众多的河流，肥沃的土地，天然的牧场。达斡尔族的交通工具叫"勒勒车"，这种车轮子大、车身小、用牛拉。人们常常把许多辆这样的车串联起来，行走的时候，就像一条长龙，十分壮观。

达斡尔族世代相传的刺绣、剪纸很有特色。传统体育运动有曲棍球、角力、赛马、射箭，达斡尔族居住的地方被誉为"曲棍球之乡"。

达斡尔族和汉族一样，奉春节为最重要的节日。

仫佬族

仫佬族在史书上被称作"姆佬"、"木佬"，现主要聚居于广西壮族自治区罗城仫佬族自治县。人口 20.74 万。语言属汉藏语系，其中吸收了不少汉语、状语词汇，没有本民族文字。

仫佬族主要从事农业，以生产水稻、玉米、薯类为主。

117

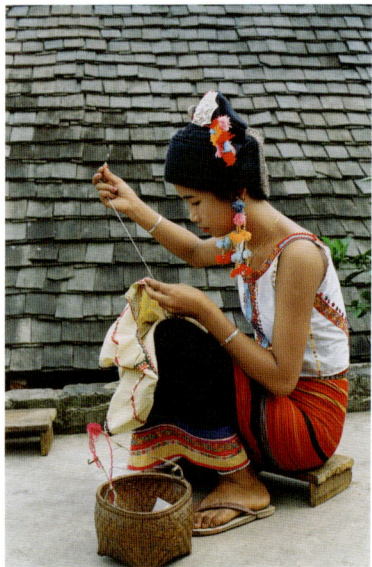

　　仫佬族一般都喜欢穿深青色的衣服。唱山歌和彩调戏是仫佬族文化中很有特色的部分。几乎家家有歌本、村村有歌手。许多歌没有歌本，即兴演唱。男女青年相逢时，不论是不是认识，都可以邀请对方唱歌，如果一方拒绝，那是不礼貌的行为。

　　仫佬族过去信奉多神，节日较多。三年一次的"依饭"节是最隆重的节日，往往杀猪宰羊，演戏唱歌，舞狮耍龙，以示庆祝。仫佬族忌食猫肉和蛇肉，有的还禁吃狗肉。

羌 族

　　唐朝诗人王之涣在《凉州词》中写到"羌笛何须怨杨柳，春风不度玉门关"。这里所说的羌笛，是古羌人的传统乐器。

　　羌族主要分布在四川省阿坝藏族羌族自治州和北川羌族自治县等地。人口30.61万。语言属汉藏语系，没有本民族文字。

　　羌族主要经营农业。羌族居住地区，产有世界稀有动物熊猫、飞狐、金丝猴。盛产许多名贵药材。

　　碉楼、竹索桥、栈道、掘井、筑堰是羌族著称于世的独特建筑艺术。碉楼以石块砌成，有的十几层，高十几丈，气势凌云，用于防御，也用于居住。羌族的竹索桥是架在湍急河流上的交通工具，有的长达二三十丈，但没有桥墩，不用钉子，只是在竹索上铺设木板，显示了很高的建筑技术。

　　羌族的刺绣古朴大方，舞蹈节奏明快，歌曲悠扬动听。

布朗族

　　布朗族主要分布在云南省的勐海、景洪及双江、永德、云县、耿马等县。人口9.19万。语言属南亚语系，没有本民族文字。

　　布朗族善种茶树。布朗族地区是驰名中外的"普洱茶"产地。

　　过去，布朗族的男子有文身的习惯，有的人在四肢、胸和腹部上刺染多种花纹，这个习惯已逐渐消失。妇女则喜欢嚼槟榔，槟榔汁会把牙齿染成黑色，但她们认为这很美丽。

　　布朗族的歌舞很有特色，男人喜欢跳"刀舞"，舞姿刚劲、豪迈、矫健有力。逢年过节，则大家聚在一起，在小三弦的伴奏下"跳歌"，可以从晚上一直跳到天亮。

布朗族男女长到 16 岁时，要举行称为"波格"的成年礼，宣告成年，才有了谈恋爱的权利。

撒拉族

撒拉族自称"撒拉儿"，主要聚居在青海省循化撒拉族自治县。人口 10.45 万。语言属阿尔泰语系，没有本民族文字。

据传其祖先是元代从中亚的撒马尔汗迁徙而来的，在长期的历史发展中，与当地一些民族融合逐渐成为一个民族。所以，在婚礼中，会以歌唱对答的形式，追述祖先从中亚迁来的故事。

撒拉族主要从事农业生产，园艺业发达，盛产梨、杏、葡萄、枣、苹果、露仁核桃、鸡蛋核桃、红辣椒等，也从事园艺、采伐、制茶，并善于经商。

撒拉族有很多的传说、故事和神话，许多内容反映劳动人民的智慧和勇敢。"花儿"很有特点，普遍带有颤音，婉转动听。

毛南族

毛南族主要分布于广西壮族自治区西北部的环江毛南族自治县。人口 10.72 万。语言属汉藏语系，没有本民族文字。

毛南族自称"阿南"，意思是"这个地方的人"。过去称"毛难族"，1986 年 6 月根据本民族的意愿，改为毛南族。

毛南族不仅善于种植水稻和五谷杂粮，而且饲养的"毛南菜牛"肥美鲜嫩、远近闻名，因而被称为"菜牛之乡"。

用细得像头发丝的竹篾编织的"顶盖花"又叫花竹帽，色泽光亮，工艺精巧，是毛南族特有的精美手工艺品，也是姑娘们喜爱的装饰品。石雕、木雕也很有名。

"分龙节"是毛南族特有的节日，为的祈求五谷丰登。节日那天，出嫁的女子、远道的亲友都要相聚同庆，主人则以五色糯米饭招待。

仡佬族

仡佬族古代被称作"僚",主要居住在贵州省的务川、道真仡佬族自治县。人口57.94万。语言属汉藏语系,没有本民族文字。

仡佬族主要从事农业,以种植玉米等作物为主。

仡佬族的民间文学有诗歌、故事、谚语等。演奏的"八仙乐"很有特色,由八个人使用二胡、横箫、锣、鼓等乐器演奏,音调和谐动听。打花龙、打篾鸡蛋是仡佬族人民喜爱的娱乐活动。

仡佬族的节日很有特色。春节在粑粑上插上竹叶,以纪念祖先开荒辟地;夏秋新谷收获时节,要择日"尝新",庆贺丰收,感念祖先;农历十月初一杀鸡置酒,敬奉牛王,并喂耕牛以美食。

锡伯族

锡伯族祖居东北地区,1764年,为了戍边卫国,部分锡伯人迁至新疆伊犁地区。所以,现在锡伯族主要分布在新疆的察布查尔锡伯族自治县和辽宁、吉林、黑龙江等省。人口18.88万。居住东北的语言与汉、满相同;居住新疆的则语言属阿尔泰语系,这是自东北迁至新疆后,在满语基础上发展形成的一种语言。文字是1947年在满文的基础上略加改动而形成的。

早期的锡伯族人民世代以狩猎、捕鱼为业,在新疆的锡伯族以种水稻为主,经营农业,牧业也比较发达。

骑马、射箭是锡伯族喜爱的活动,锡伯族涌现出许多优秀的射箭运动员。

锡伯族与满族一样,忌食狗肉,忌穿戴狗皮制品。

阿昌族

阿昌族先民很早就居住在滇西北的金沙江、澜沧江和怒江流域一带。现在主要分布在云南省德宏傣族景颇族自治州的陇川、梁河等县。人口3.39万。语言属汉藏语系,没有本民族文字。

阿昌族以善种水稻著名,手工业也很发达,刺绣、雕刻、银器制作有着很高的水平。户撒地区的阿昌族打铁、制造刀剑的技术很高,特别是长刀、尖刀、菜刀、剪刀、镰刀等,锋利、美观、耐用，"户撒刀"远近闻名。

阿昌族的歌谣、故事、传说等口头文学十分丰富，对歌是青年男女在劳动之余十分喜爱的活动，象脚鼓舞和猴舞是流行的舞蹈。

普米族

汉文史籍称普米族为"西番"、"巴苴"，原居青藏高原，后逐渐迁至现在的云南省兰坪普米族白族自治县一带，云南的丽江、维西、永胜等县也有分布。人口3.36万。语言属汉藏语系，没有本民族的文字。

普米族历史上有不同的自称，1960年，统称为普米族。

普米族主要从事农业生产，20世纪40年代极少数地区还遗留着"刀耕火种"的耕作方法。

普米族有大过年、大十五节、尝新节等民族节日，届时举行赛马、摔跤、踢毽子等活动。凡是婚、丧、节日都要举行"对歌"比赛，歌词包括生产、婚、丧、宗教等方面的内容，形式多为叙事歌，另有短调。普米族的舞蹈反映耕作、纺织、狩猎，刚劲明快，多以芦笙、笛子伴奏，曲调优美。

塔吉克族

"花儿为什么这样红"是一首大家熟悉和喜爱的歌曲，其优美的曲调源自塔吉克族的民歌。

塔什库尔干，地处整个帕米尔高原的最高处，勇敢的塔吉克族就居住在这里。他们自豪地称自己是"塔吉克"，意思是"戴王冠的人"。人口有4.1万。语言属印欧语系，许多人兼通维吾尔语和柯尔克孜语，没有本民族文字，普遍使用维吾尔文。

塔吉克族以经营畜牧业为主，也种植高原作物，新中国成立前过着半游牧半定居的生活。

塔吉克族勇敢豪放，民间传说中，鹰是英雄的形象。在塔吉克家庭，凡是生了男孩，要鸣枪三响或大喊三声，祝愿这新的生命长大后英武有力；生了女孩则在她头下放一把扫帚，希望她长大后善于管理家务。

塔吉克族注重礼节。晚辈见了长者要主动问候，遇见路人时即使不相识也要相互致意。

怒 族

在横断山脉的碧罗雪山与高黎贡山之间，奔腾着一条大江——怒江。怒族就分布在怒江峡谷两岸。人口 2.87 万。语言属汉藏语系，没有本民族文字。

怒族主要从事山地农业，以种植玉米、荞子、青稞为主。

怒族居住的地方，山高河急，交通闭塞。但勤劳勇敢的怒族人民不为险恶的自然环境所屈服，就地取材，制作了具有地方特点和民族特色的交通工具——溜索、藤桥和槽船，凭借着它们越过激流，穿过峡谷，与外面的世界交往。

怒族能自制弩弓，几乎每个成年男子都有一张弓，这是狩猎的工具，也是自卫的武器。

怒族喜爱歌舞，民间文学丰富。诗歌多为即兴自编自唱，生活气息和民族特点浓郁。

乌孜别克族

乌孜别克族的先民，是因经商等原因，从中亚地区迁入的。现主要分布在新疆伊宁、塔城、乌鲁木齐等地。人口 1.24 万。语言属阿尔泰语系，没有本民族文字。

在历史上，乌孜别克族从事商业、手工业为主。中国的乌孜别克族人民对繁荣西域经济起到了积极的促进作用，对沟通东西方文化，开创中亚文明作出了卓越的贡献。

乌孜别克族的服饰以男女都带各式各样的小帽为特点。这些小帽挑花刺绣，色彩艳丽，图案生动。

乌孜别克族舞蹈优美轻快、舞姿多变。传统的手鼓舞风格独特，音乐婉转悠扬，三角形的"斜格乃"琴音色优美。

俄罗斯族

在俄国，俄罗斯族是人数最多的一个民族。在中国人数不多，大多是 18 世纪以后从俄国迁入的。俄罗斯族主要散居在新疆伊犁、塔城、阿勒泰和乌鲁木齐等地，还有的居住在内蒙古自治区和黑龙江省。人口 1.56 万。语言属印欧语系，有自己的民族文字——俄文。

俄罗斯族主要从事修理业、运输业、手工业和农牧业。经营园艺和养蜂，是俄罗斯族的一大特长。

俄罗斯族喜爱歌舞，著名的踢踏舞舞步矫健，节奏有力，情绪欢快，手风琴是主要的伴奏乐器。

俄罗斯族在生活习惯、服饰等方面与俄国的俄罗斯人基本相同，多信奉东正教。

鄂温克族

"鄂温克"是民族自称，意思是"住在大森林中的人们"，历史上被称为"索伦"、"雅库特"人。鄂温克族主要分布于内蒙古的鄂温克族自治旗。人口3.05万。语言属阿尔泰语系，没有本民族文字。

鄂温克族多居住在深山密林，善于狩猎。饲养驯鹿有很悠久的历史，驯鹿俗称四不像：头似马而非马，角似鹿而非鹿，身似驴而非驴，蹄似牛而非牛。鄂温克族经常把驯鹿用作畜力，在林间地头、集市村边，常可以看到驯鹿在为主人驮运物品。

鄂温克族讲究礼节，年轻人见到长者要施礼请安。

鄂温克族的民间文学有神话、传说、故事、寓言、民歌、叙事诗、笑话等。舞蹈豪放、朴实，舞会多在晚上，点燃篝火，大家围着火堆，载歌载舞。

德昂族

居住在云南西南部的潞西县和镇康县的德昂族，人口有1.79万。语言属南亚语系，没有本民族文字。

德昂族源于古代的"濮"人，因善于种茶和好饮茶而闻名，被称为"古老的茶农"。种茶有悠久的历史，居住的地区有树龄在千年以上的老茶树。德昂族的生活里也离不开茶：待客、送礼、求婚、喜庆、道歉都会送茶，茶有着特殊的意义和用途。今天，茶已成为德昂族重要的经济收入来源。

过去，一些德昂族的妇女不留头发，用黑布包头，带大耳坠、银项圈；有些男人身上刺有虎、鹿、花草等图案，作为装饰。

德昂族有精湛的刺绣和雕刻艺术。

德昂族20世纪50年代民族识别时名称为"崩龙"族，根据本民族的意愿，80年代改为现名。

保安族

保安族主要分布在甘肃省积石山保安族东乡族撒拉族自治县。人口1.65万。语言属阿尔泰语系，没有本民族文字。

保安族是元明时期以信仰伊斯兰教的一支蒙古族为主，在长期的历史发展中，吸收了一部分回族、藏族、土族等逐渐形成的。

保安族以农业生产为主，也兼营手工业。手工业以制刀为主，著名的"保安刀"，有100多年的历史，是保安族传统手工艺品。保安刀制作工艺精湛，锋利耐用。

保安族民间口头文学丰富，许多人能触景生情，即兴而歌。人民喜爱歌舞，擅长演奏丝竹乐器。"花儿"和宴间曲等民间文艺广泛流传。

裕固族

裕固族主要分布于河西走廊中部、祁连山牧场，建有甘肃省肃南裕固族自治县和酒泉市的黄泥堡裕固族乡。人口1.37万。有自己的语言，没有本民族文字。

裕固族自称"撒里畏兀"、"撒里畏兀儿"，其族源系唐代的回鹘。1953年，经本民族代表协商，确定以同"尧呼儿"音相近的"裕固"为族名，也是"富裕巩固"的意思。

裕固族擅长编织，编织的各种毛毯、毛袋，都装饰有美丽的图案。妇女的衣领、衣袖和布鞋上也绣有各种花、鸟、草、虫图案，形象生动。

裕固族的民歌曲调优美，丰富生动。还有许多口头文学，包括历史传说、故事、谚语和歌谣。

京 族

京族主要聚居于广西壮族自治区东兴市的山心、沥尾、巫头三个小岛上，所以这个地方又称为"京族三岛"。人口2.25万。有自己的语言。由于京、汉两族人民的长期友好相处，绝大部分京族人民都通用汉语、汉文。

京族地区附近的沿海生长有被称作"海底森林"的红树，还出产名贵的珍珠。京族主要从事浅海捕捞渔业和珍珠养殖，海产品的加工也很有名。他们制作的"鱼露"是富有特色、味道鲜美的调味品。

独弦琴是京族独有的一种民族乐器，虽然只有一根琴弦，但能奏出优美的曲调。

"唱哈"节是京族的盛大节日。过节时全村人齐聚在一起宴饮同乐，载歌载舞。

塔塔尔族

塔塔尔族是很早以前从伏尔加河上游和中亚地区迁居新疆的，主要分布于新疆伊宁、塔城、乌鲁木齐等地。人口4890人。语言属阿尔泰语系，文字是以阿拉伯字母为基础创造的拼音文字。塔塔尔族长期与维吾尔族、哈萨克族共同居住，故通用这两个民族的语言文字。

塔塔尔族重视文化教育事业，有数量较多的知识分子。

塔塔尔族的文化生活丰富多彩，民族音乐节奏鲜明，有豪放的草原风格。乐器有二孔直吹的木箫、二弦小提琴等，舞蹈活泼开朗。

塔塔尔族的婚礼一般在新娘家进行，新婚夫妇要共饮一杯糖水，象征甜甜蜜蜜，白头到老。

独龙族

独龙族主要聚居在云南省西北部贡山独龙族怒族自治县独龙江流域的河谷地带，这里森林茂密，地下有云母、水晶等矿藏。人口7426人。语言属汉藏语系，没有本民族文字。

独龙族主要从事农业，以种植玉米、荞子、豆类为主。

独龙族人民擅长编织。他们编出的篾箩、篾盒，工艺精湛，轻巧玲珑，结构紧密，用来盛水点滴不漏。

独龙族有着传统美德，其居住地区夜不闭户，路不拾遗；十分重友好客，他们有一句谚语是："有饭不给大家吃是最害羞的事情。"常常一家有事，全村帮忙。

鄂伦春族

鄂伦春族被称作"打鹿人"，主要分布于内蒙古自治区和黑龙江省的大、小兴安岭，建有鄂伦春自治旗。人口8196人。语言属阿尔泰语系，没有本民族文字。

鄂伦春族传统产业为采集和手工业。男子善于骑马射箭，妇女们擅长手工制作。民间装饰艺术很发达，尤其擅长用桦树皮制作各种器皿，并刻上各种图案花纹。

历史上以狩猎为生，所以衣服、被褥、靴、帽都是各种兽皮制成的。20世纪50年代以后，为保护生态，改善生活，鄂伦春族由狩猎转为护林和驯养马鹿、梅花鹿。

鄂伦春族传统的民居叫"仙人柱"，俗称"撮罗子"，是一种圆锥形的棚子，很有特色。当然，人们现在都已告别了旧居所，搬进了新民居。

赫哲族

赫哲族的祖先，自古在黑龙江、松花江、乌苏里江流域繁衍生息。主要分布在黑龙江省同江、抚远、饶河等市、县。人口4640人。语言属阿尔泰语系，没有本民族文字。是中国北方唯一以捕鱼为主，使用狗拉雪橇的民族。

在赫哲族居住的地区盛产各种鱼类，其中以鳇、鲟和大马哈鱼最为著名。由于赫哲族人善于捕鱼，并能熟制鱼皮做成衣服、用品，在历史上曾被称作"鱼皮部"。

狗拉雪橇是赫哲族冬季经常使用的主要交通工具，在雪地里，狗拉着雪橇，跑得又快又稳。

赫哲族地区有丰富多彩的说唱文学、民间故事、音乐和美术。其中的"依玛堪"是一种民间说唱文学，说一段，唱一段，内容主要是歌颂为人尊敬的英雄和甜美的爱情。

门巴族

在西藏自治区东南部的门隅地区，居住着一个人口有8923人的民族——门巴族。

"门巴"最早是藏族对他们的称呼，意思为"居住在门隅的人"。"门隅"是指雅鲁藏布江下游的平原地区。

门巴族的语言属汉藏语系，没有本民族文字。历史上，门巴族和藏族交往密切。

门巴族主要从事农业，以耕种水稻为主，过去狩猎在门巴族的经济生活中占有一定地位。

门巴族有丰富动人的民间传说，有称为"萨玛"的民歌，常在节庆、婚礼中演唱。还有朴素粗犷的舞蹈。门巴族还擅长竹编，用当地竹子编成的竹方盒、竹筐、竹帽图案生动，造型美观。

珞巴族

珞巴族主要分布于西藏自治区东南部洛渝地区，人口2965人。"珞巴"一词是藏语，意思是南方人。语言属汉藏语系藏缅语族，没有本民族文字。20世纪50年代，还使用刻木、结绳记数记事的方法，生活中很大一部分依靠打猎和采集。

珞巴族主要从事农业生产，以种植青稞、小麦、玉米为主。

珞巴族人民喜欢佩带装饰品。这些装饰品种类和数量很多，种类包括贝壳、石质串珠、金属制品、兽皮等，是家庭财产的重要标志。

民风古朴。遇到猎获和收获时，客人可以和主人家成员一样得到一份。喜庆集会时，喝酒唱歌，诵唱古老传说，有时通宵达旦。

基诺族

基诺族的族称是1979年确定的，是中国现有56个民族中最后一个被识别的民族。主要居住在云南省西双版纳傣族自治州景洪县基诺乡。人口2.09万。语言属汉藏语系，没有本民族文字。

"基诺"是本民族自称，意思是"舅舅的后代"或"尊敬舅舅的民族"。传说是当年孔明统领的军队的后代。基诺族尊敬孔明，男孩衣背上的图案类似八卦，祭神灵时呼喊孔明的名字。

基诺族居住的基诺山，是原始森林密布的热带丛林，气候炎热，雨量充沛，盛产香蕉、木瓜等亚热带水果，也是出产普洱茶的六大茶山之一，许多村寨以种茶、制茶为重要副业。

基诺族人从小就学唱词曲，长大后能依据场景，即兴依照曲调，随意填词。

后记

　　这是在参阅数十种书籍、文献、资料，结合我个人的工作经历、生活体验与多年思索而写成的一本通俗读物。旨在以简明通俗、图文并茂的形式介绍中华民族的概况，还有对中国民族理论、民族政策基本内容的简略论述。

　　本书着眼点在"中华民族"，而内容则更多的展示的是中国少数民族。

　　本书的出版得到了多方面的支持：王泉利先生、巴莫阿依女士、李智先生做了相应的工作，民族文化宫、民族画报社、民族团结杂志社、民族出版社等提供了大量图片，还有民族出版社的多位编辑倾注了大量心血。在此谨表谢意！

　　本书疏漏、谬误之处，敬请指正和见谅。

作者　2007年春天于北京

东方中华

图书在版编目(CIP)数据

东方中华/吴仕民编著. －北京：民族出版社， 2007.4
ISBN 978-7-105-08238-4

Ⅰ.东... Ⅱ.吴... Ⅲ.中华民族－民族历史－通俗读物
Ⅳ.K28-49

中国版本图书馆CIP数据核字(2007)第052389号

民族出版社出版发行

北京市和平里北街14号　邮编: 100013
电话: 010-64228001 (汉文编辑二室)　010-64211734 (发行部)
http://www.mzcbs.com
责任编辑: 钟美珠
整体设计: 李　华
制版: 海龙视觉
印刷: 北京雅昌彩色印刷有限公司
经销: 各地新华书店
版次: 2007年4月第1版 2007年4月北京第1次印刷
开本: 889毫米×1194毫米　1/20
字数: 100千字
印张: 7
印数: 0001-5000册
定价: 56.00元
ISBN 978-7-105-08238-4/Z · 1322(汉215)